Descubra Juegos Gratis Online

Disponibles Aquí:

BestActivityBooks.com/FREEGAMES

5 CONSEJOS PARA EMPEZAR

1) CÓMO RESOLVER LAS SOPA DE LETRAS

Los rompecabezas tienen un formato clásico:

- Las palabras se ocultan sin espacios ni guiones,...
- Orientación: Las palabras pueden escribirse hacia delante, hacia atrás, hacia arriba, hacia abajo o en diagonal (pueden estar invertidas).
- Las palabras pueden superponerse o cruzarse.

2) APRENDIZAJE ACTIVO

Junto a cada palabra hay un espacio para anotar la traducción. Para fomentar un aprendizaje activo, un **DICCIONARIO** al final de esta edición te permitirá comprobar y ampliar tus conocimientos. Busca y anota las traducciones, encuéntralas en el puzzle y añádelas a tu vocabulario!

3) MARCAR LAS PALABRAS

Puedes inventar tu propio sistema de marcado. ¿Quizás ya usas uno? También puedes, por ejemplo, marcar las palabras difíciles de encontrar con una cruz, las que te gustan con una estrella, las nuevas con un triángulo, las raras con un diamante, etc.

4) ESTRUCTURAR EL APRENDIZAJE

Esta edición ofrece un **CUADERNO DE NOTAS** muy práctico al final del libro. En vacaciones, de viaje o en casa, podrás organizar fácilmente tus nuevos conocimientos sin necesidad de un segundo cuaderno!

5) ¿HABÉIS TERMINADO TODAS LAS PARRILLAS?

En las últimas páginas de este libro, en la sección **DESAFÍO FINAL**, encontrarás un juego gratis!

¡Rápido y sencillo! Echa un vistazo a nuestra colección de libros de actividades para tu próximo momento de diversión y aprendizaje, ¡a sólo un clic de distancia!

Encuentre su próximo reto en:

BestActivityBooks.com/MiProximoLibro

En sus marcas, listos, ¡Ya!

¿Sabías que hay unas 7.000 lenguas diferentes en el mundo? Las palabras son preciosas.

Nos encantan los idiomas y hemos trabajado duro para crear libros de la más alta calidad para tí. ¿Nuestros ingredientes?

Una selección de temas adecuados para el aprendizaje, tres buenas porciones de entretenimiento, y luego añadimos una cucharada de palabras difíciles y una pizca de palabras raras. Los servimos con cariño y máxima diversión para que puedas resolver los mejores juegos de palabras y te diviertas aprendiendo!

Tu opinión es esencial. Puedes participar activamente en el éxito de este libro dejándonos un comentario. Nos encantaría saber qué es lo que más le ha gustado de esta edición.

Aquí hay un enlace rápido a tu página de pedidos:

BestBooksActivity.com/Opiniones50

Gracias por tu ayuda y diviértete!

Todo el equipo

1 - Arqueología

```
S C O N O S C I U T O D V E
A N T I C H I T À Z P I A S
A Z N J I À T Q B J M S L P
D I M E N T I C A T O C U E
E P X R E L I S S O F E T R
T R N O R I R D C I N N A T
E S A T O V A B M O T D Z O
M Q I A S I O N N R P E I C
P U U C S C F G A M Y N O T
I A Q R E M G K G L S T N F
O D I E F O S S A E I E E J
K R L C O W D O R E T S I M
Q A E I R E B F J A A T I N
U J R R P W W D U E H R I I
```

ANALISI
ANTICHITÀ
ANNI
CIVILTÀ
DISCENDENTE
SCONOSCIUTO
SQUADRA
ERA
VALUTAZIONE
ESPERTO

FOSSILE
OSSA
RICERCATORE
MISTERO
OGGETTI
DIMENTICATO
PROFESSORE
RELIQUIA
TEMPIO
TOMBA

2 - Granja #2

```
P H B D G R A N O Z R O A I
U R D N R H G M T G E D G R
Y O A R O C E P K I C L R R
K F G T F R U T T E T O I I
L M Z Z O J A H D R L L C G
A A R T A N A U C O A L O A
Z S M W A X L P C T T E L Z
U C O A K N A X W S T N T I
Y C G L H S I A M A E G O O
F R U T T A D M G P S A R N
K N O C C I B O A T J O E E
W T R A T T O R E L B M N C
V E R D U R A F W Y I L O X
W F I E N I L E R A E V L A
```

AGRICOLTORE
ANIMALI
ORZO
ALVEARE
CIBO
AGNELLO
FRUTTA
FIENILE
FRUTTETO
LATTE

LAMA
MAIS
PECORA
PASTORE
ANATRA
PRATO
IRRIGAZIONE
TRATTORE
GRANO
VERDURA

3 - La Empresa

```
P  R  O  F  E  S  S  I  O  N  A  L  E  R
U  J  F  A  Q  W  B  R  S  W  R  O  L  I
P  K  Y  I  B  P  S  A  S  P  E  C  A  S
K  O  N  R  K  R  X  L  E  R  P  C  B  O
R  H  S  T  Q  Q  L  A  R  O  U  U  O  R
U  E  Y  S  M  Q  A  S  G  D  T  P  L  S
H  W  D  U  I  Q  U  D  O  O  A  A  G  E
Q  L  W  D  T  B  P  Q  R  T  Z  Z  K  Z
G  U  C  N  I  W  I  T  P  T  I  I  C  N
T  O  A  I  B  T  D  L  Q  O  O  O  G  E
O  S  Y  L  U  I  O  K  I  F  N  N  W  D
K  S  A  W  I  I  W  X  E  T  E  E  P  N
F  S  O  V  I  T  A  E  R  C  À  F  M  E
U  N  I  T  À  Y  À  R  I  S  C  H  I  T
```

QUALITÀ	PROFESSIONALE
CREATIVO	PROGRESSO
OCCUPAZIONE	RISORSE
GLOBALE	REPUTAZIONE
INDUSTRIA	RISCHI
REDDITO	SALARI
POSSIBILITÀ	TENDENZE
PRODOTTO	UNITÀ

4 - Aviones

```
P D T R O A R U T N E V V A
A I D E N I D U T I T L A T
L R W L G H I M G M N O I M
L E M I I O P S X Q A A R O
O Z Q C S K G H M P R L O S
N I U H E T M Q O I U T T F
C O Y E D H S A T L B E S E
I N Z J Z Y Y Y O O R Z H R
N E O G T C K K R T A Z J A
O N E G O R D I E A C A G L
T P S H P A S S E G G E R O
C I E L O I G G A P I U Q E
A T T E R R A G G I O I F A
O N G R G A M S I A D M F Z
```

ARIA	DESIGN
ALTITUDINE	PALLONCINO
ALTEZZA	ELICHE
ATTERRAGGIO	IDROGENO
ATMOSFERA	STORIA
AVVENTURA	MOTORE
CIELO	PASSEGGERO
CARBURANTE	PILOTA
DIREZIONE	EQUIPAGGIO

5 - Tipos de Cabello

```
H M B L A L O T N E G R A C
B O G U M S E D E T E X P W
R R H C E C C E R T D D L I
E B T I W C S I O N A S B F
V I R D N G K T U L U N G O
E D I O L E L I T T O S R C
S O O T A I C C E R T N I N
S P E S S O R E A X I O C A
K E O X H M G S J L L M C I
M A R R O N E R J D V I I B
R I C C I O L I I E L O O K
M G A N F T W U F G Y Y N L
O N D U L A T O W F I G R Y
K B I O N D O E P S Z O X R
```

BIANCO	ONDULATO
LUCIDO	ARGENTO
CALVO	RICCIO
BREVE	RICCIOLI
SOTTILE	BIONDO
GRIGIO	SANO
SPESSORE	ASCIUTTO
LUNGO	MORBIDO
MARRONE	INTRECCIATO
NERO	TRECCE

6 - Ética

```
T O L L E R A N Z A Z O I F
R A G I O N E V O L E G B I
L E D I P L O M A T I C O L
E N O I Z A R E P O O C H O
U O M S I M I T T O U L M S
C I R E A L I S M O F B S O
P S S A G G E Z Z A R À A F
C S A U J S M I L À P T Z I
R A Z I O N A L I T À I N A
U P Y D A Z Z E L I T N E G
E M V A L O R I H N S G I R
J O L O V E N E B A E I Z G
G C J G X P G E E M N D A L
A L T R U I S M O U O G P X
```

ALTRUISMO
BENEVOLO
GENTILEZZA
COMPASSIONE
COOPERAZIONE
DIGNITÀ
DIPLOMATICO
FILOSOFIA
ONESTÀ

UMANITÀ
OTTIMISMO
PAZIENZA
RAZIONALITÀ
RAGIONEVOLE
REALISMO
SAGGEZZA
TOLLERANZA
VALORI

7 - Ciencia Ficción

```
T  E  I  G  S  C  E  N  A  R  I  O  D  G
E  S  M  A  I  L  L  U  S  I  O  N  E  W
C  P  M  L  R  O  B  O  T  A  C  C  E  F
N  L  A  A  R  S  O  P  I  A  N  E  T  A
O  O  G  S  O  O  C  I  N  E  M  A  I  T
L  S  I  S  U  I  I  O  R  A  C  O  L  O
O  I  N  I  I  R  T  C  R  B  J  O  A  I
G  O  A  A  S  E  S  O  F  X  I  P  S  W
I  N  R  M  T  T  I  U  Y  W  N  L  N  G
A  E  I  O  I  S  L  F  U  T  O  P  I  A
I  M  O  N  Q  I  A  A  T  O  M  I  C  O
P  C  O  D  I  M  E  E  S  T  R  E  M  O
I  L  U  O  T  L  R  P  J  B  R  X  C  P
F  A  N  T  A  S  T  I  C  O  H  C  A  S
```

ATOMICO
CINEMA
SCENARIO
ESPLOSIONE
ESTREMO
FANTASTICO
FUOCO
GALASSIA
ILLUSIONE
IMMAGINARIO

LIBRI
MISTERIOSO
MONDO
ORACOLO
PIANETA
REALISTICO
ROBOT
TECNOLOGIA
UTOPIA

8 - Circo

```
C W G E N E B P R R Q A I R
C O M R U B E A I G A M N W
A G S O P S T L Y R T Q T L
R A T T U A N L L I G T R E
A M R A U I A O W P X A A O
M Z U T G M F N W O L C T N
E W C T E M E C H S E A T E
L C C E Q I L I P R X C E R
L D O P E C E N Y D T R N A
A X L S I S B I S S E O E R
A N I M A L I D G Y N B R T
G I O C O L I E R E D A E S
T I G R E I Z M C P A T B O
M U S I C A T A R A P A C M
```

ACROBATA
ANIMALI
CARAMELLA
TENDA
PARATA
ELEFANTE
INTRATTENERE
SPETTATORE
PALLONCINI
LEONE

MAGIA
MAGO
GIOCOLIERE
SCIMMIA
MOSTRARE
MUSICA
CLOWN
TIGRE
COSTUME
TRUCCO

9 - Granja #1

```
A C Q U A Z Y C M W A R P J
C U U R Y K X O S I R C F A
J D O R U U B R I Y R A E R
G Y O B W T O V P X E N R U
V I T E L L O O I K T E T T
T A N P T Y L F C Y Z B I L
J S I A Y O L U I Z C B L O
G G C C Y Z O S N E N A I C
A X E C A R P A C I N U Z I
T C R U P V H K N K G O Z R
T I A M F X A Z L N S N A G
O P F M M W N L G R E I N A
D T Z Q P H Y W L S M S T P
M I E L E O P U H O I A E E
```

APE   GATTO
AGRICOLTURA   FIENO
ACQUA   MIELE
RISO   CANE
ASINO   POLLO
CAVALLO   SEMI
CAPRA   VITELLO
CAMPO   TERRA
CORVO   MUCCA
FERTILIZZANTE   RECINTO

10 - Camping

```
A  C  A  M  A  B  M  F  U  O  C  O  U  P
L  M  D  D  A  I  U  O  C  A  B  I  N  A
B  L  R  O  Y  U  U  S  N  K  L  A  T  B
E  F  O  R  E  S  T  A  S  T  L  A  G  O
R  Z  C  C  I  N  E  I  Z  O  A  N  U  L
I  L  A  M  I  N  A  C  C  A  L  G  Q  Y
M  J  R  Z  Q  S  I  C  X  A  R  A  N  W
A  A  N  R  E  T  N  A  L  N  N  X  U  A
P  U  W  S  S  G  S  C  C  X  O  O  T  T
P  Y  M  Y  M  T  E  S  Y  C  E  M  A  M
A  P  H  A  R  U  T  N  E  V  V  A  G  B
W  R  O  F  G  K  T  T  M  N  T  Z  S  D
N  A  T  U  R  A  O  L  L  E  P  P  A  C
A  T  T  R  E  Z  Z  A  T  U  R  A  I  I
```

ANIMALI	FUOCO
AVVENTURA	AMACA
ALBERI	INSETTO
FORESTA	LAGO
BUSSOLA	LANTERNA
CABINA	LUNA
CANOA	MAPPA
CACCIA	MONTAGNA
CORDA	NATURA
ATTREZZATURA	CAPPELLO

11 - Fruta

```
P  A  P  A  I  A  L  E  M  M  K  I  W  I
M  E  L  O  N  E  N  O  P  M  A  L  P  J
N  E  T  T  A  R  I  N  A  K  C  N  C  T
U  O  R  I  X  E  P  Q  Z  S  C  W  G  R
V  C  J  S  M  Q  Z  W  J  L  O  C  O  O
A  C  I  L  I  E  G  I  A  C  C  A  B  D
Q  O  P  L  L  C  N  M  F  A  I  U  F  A
R  C  N  E  Q  N  F  Y  Z  I  B  G  N  C
L  I  J  N  R  O  S  I  S  C  L  G  B  O
N  D  H  O  Z  A  B  S  A  N  A  N  A  V
O  E  Z  M  E  V  J  F  C  A  I  Q  N  A
H  C  B  I  K  A  A  M  S  R  K  F  A  S
Q  O  B  L  M  U  N  T  E  A  A  J  N  G
W  N  L  A  R  G  O  X  P  K  W  D  A  E
```

AVOCADO	MELA
ALBICOCCA	PESCA
BACCA	MELONE
CILIEGIA	ARANCIA
NOCE DI COCCO	NETTARINA
LAMPONE	PAPAIA
GUAVA	PERA
KIWI	ANANAS
LIMONE	BANANA
MANGO	UVA

12 - Geología

```
T E R R E M O T O P J A S E
O G H W F B O E Y M J C T R
B H L X Z C L F A G I I A O
C R I S T A L L I N P D L S
C N R G A O A S A L E O A I
W A V A L D R S N D X K G O
G I L A L T O P I A N O M N
O E M C R A C Z O R N A I E
R H Y I I J I T R D K I T S
E L I S S O F J I A E C I T
X A N R E V A C P U U F N R
G R H E A R T E I P P Q B A
M I N E R A L I H F M W N T
S T A L A T T I T E W Q J O
```

ACIDO
CALCIO
STRATO
CAVERNA
CORALLO
CRISTALLI
QUARZO
EROSIONE
STALATTITE

STALAGMITI
FOSSILE
GEYSER
LAVA
ALTOPIANO
MINERALI
PIETRA
SALE
TERREMOTO

13 - Álgebra

```
W  F  B  P  C  U  U  Y  S  F  M  I  Q  X
L  A  K  D  N  O  N  F  O  R  A  N  U  K
W  L  B  H  C  O  T  T  L  A  T  F  A  G
M  S  P  C  X  X  X  K  U  Z  R  I  N  I
P  O  Z  D  G  K  W  Y  Z  I  I  N  T  S
N  R  D  I  Z  E  R  O  I  O  C  I  I  E
S  U  O  F  U  B  P  P  O  N  E  T  T  T
J  S  M  B  D  Q  Y  D  N  E  B  O  À  N
P  O  U  E  L  E  T  N  E  N  O  P  S  E
Q  U  Y  W  R  E  R  A  E  N  I  L  L  R
Z  T  W  H  W  O  M  F  O  R  M  U  L  A
F  A  T  T  O  R  E  A  T  X  T  H  K  P
S  E  M  P  L  I  F  I  C  A  R  E  Q  L
D  I  V  I  S  I  O  N  E  H  A  O  J  G
```

QUANTITÀ	INFINITO
ZERO	LINEARE
DIVISIONE	MATRICE
ESPONENTE	NUMERO
FATTORE	PARENTESI
FALSO	PROBLEMA
FORMULA	SEMPLIFICARE
FRAZIONE	SOLUZIONE

14 - Plantas

```
C Q C B J C K R Y W C F W G
N U D A Ù B M A B E E E O I
F O L C M B C D Y D S R Z A
A O Q C X F A I I E P T B R
F L R A Q A C C B R U I O D
O A B E D D T E C A G L T I
G T Z E S Y U M X Q L I A N
L E D B R T S A E D I Z N O
I P W F E O A I R H O Z I T
A F I O R E R L B C N A C J
F F L O R A C G A M Y N A L
F A G I O L O O G J T T Z Y
M U S C H I O F R X P E U N
V E G E T A Z I O N E G R K
```

CESPUGLIO	FOGLIAME
ALBERO	FAGIOLO
BAMBÙ	EDERA
BACCA	ERBA
FORESTA	FOGLIA
BOTANICA	GIARDINO
CACTUS	MUSCHIO
FERTILIZZANTE	PETALO
FIORE	RADICE
FLORA	VEGETAZIONE

15 - Suministros de Arte

```
O Z O L O V A T B B T J V W
C A V A L L E T T O E A E L
S Z À C S Y E I R X L R R Z
E C T U O D D K I A E G N C
D M I X W L I L D X C I I O
I Q V O C I L I R C A L C L
A C I E A P I A P S M L I O
M J T D T A L G T W E A B R
S P A Z Z O L E O D R X O I
S D E M G J E S D M A X L P
H S R Q F E T I T A M I I Y
W X C K D B S N G O G A O Y
M W T U L K A R H A R Q O S
A C Q U A P P S B M W S W E
```

OLIO
ACRILICO
ACQUA
ARGILLA
GOMMA
CAVALLETTO
TELECAMERA
SPAZZOLE
COLORI

CREATIVITÀ
IDEE
MATITE
TAVOLO
CARTA
PASTELLI
COLLA
VERNICI
SEDIA

16 - Negocio

```
C A R R I E R A I E D Q J G
S O C I E T À T N C I T I J
Z W P T A S S E V O P R M A
N E G O Z I O O E N E A W O
S G E S U A M I S O N N E W
Y L K O T S O C T M D S U P
F E W L L W T N I I E A F E
F A F D C S N A M A N Z F R
R I B I F C O L E T T I I S
A P N B O T C I N U E O C O
Q F R A R G S B T L F N I N
T I O S N I A F O A I E O A
M E R C E Z C L A V O R O L
F R X J F T A A P L F C P E
```

CARRIERA   INVESTIMENTO
COSTO   MERCE
SCONTO   VALUTA
SOLDI   UFFICIO
ECONOMIA   PERSONALE
DIPENDENTE   BILANCIO
SOCIETÀ   NEGOZIO
FABBRICA   LAVORO
FINANZA   TRANSAZIONE
TASSE

17 - Jardín

```
I  I  E  L  T  G  I  A  R  D  I  N  O  F
A  Z  X  N  E  R  A  S  T  R  E  L  L  O
T  Y  M  Q  R  A  S  O  Q  W  P  T  N  T
A  T  E  I  R  C  L  U  L  L  A  R  H  E
T  U  B  O  A  A  G  B  O  P  L  A  M  T
T  U  M  I  Z  M  U  H  E  L  A  M  O  T
C  T  H  L  Z  A  T  I  C  R  O  P  P  U
I  O  N  G  A  T  S  F  C  G  O  O  A  R
G  C  D  U  K  X  J  E  A  N  T  L  N  F
A  I  W  P  F  F  C  R  B  M  N  I  C  T
R  T  N  S  K  I  C  B  R  D  I  N  A  U
A  R  U  E  H  C  O  A  E  S  C  O  K  N
G  O  M  C  E  N  E  R  K  F  E  G  G  Y
E  P  G  Y  G  Q  D  U  E  P  R  A  T  O
```

CESPUGLIO	GIARDINO
ALBERO	ERBACCE
PANCA	TUBO
PRATO	PALA
STAGNO	PORTICO
FIORE	RASTRELLO
GARAGE	SUOLO
AMACA	TERRAZZA
ERBA	TRAMPOLINO
FRUTTETO	RECINTO

18 - Países #2

```
E F G R E C I A D N A G U A
A T U G I A P P O N E B R W
O C I S S E M A I N A B L A
T X D O T N Y U X L B W S C
A K S G P A I S E N O D N I
D U E D I I R T Q A O B F A
R A S D Z T A R U Y A S I M
U I N T J A N I A R C U R A
S C B I R E F A F I M D L I
S N L S M A A U E L S A A G
I A C X C A L R L A I N N B
A R G D Z Q R I G O R F D R
H F G T W D R C A S I P A Q
P A K I S T A N A L A T P O
```

ALBANIA
AUSTRALIA
AUSTRIA
DANIMARCA
ETIOPIA
FRANCIA
GRECIA
INDONESIA
IRLANDA
GIAMAICA

GIAPPONE
LAOS
MESSICO
PAKISTAN
RUSSIA
SIRIA
SUDAN
UCRAINA
UGANDA

19 - Números

```
D Q R N N Q O D J D Q N O D
Q E U Q N I C P J I F O E O
U R C I C I D E S C S V C D
A T S I N F M J O I J E S I
T V B E M D N S T O R E Z C
T E G O I A I E T T E S L I
R N W I R E L C O T Q N T J
O T D U E F J E I O B F P Q
J I C Q U A T T O R D I C I
D I C I A N N O V E K C C N
D I C I A S S E T T E E A B
T R E D I C I C G C D I U S
D R Q K I H Y S S S T D G E
J S F L A R Z F X H H L Y G
```

QUATTORDICI	DODICI
ZERO	DUE
CINQUE	NOVE
QUATTRO	OTTO
DECIMALE	QUINDICI
DICIANNOVE	SEI
DICIOTTO	SETTE
SEDICI	TREDICI
DICIASSETTE	TRE
DIECI	VENTI

20 - Física

```
A B P S F O R M U L A O H P
C C O A L O C E L O M X C U
I M C G R F R E Q U E N Z A
N W I E A T A P E Z C H M C
A M M R L T I X O Z B A P M
C A I O Y E I C Y G S U O C
C S H T E E R A E L C U N S
E S C O Z E T A J L F P G Z
M A H M A T G F Z A L N F A
A T O M O L G À T I V A R G
D E N S I T À D R U O K W I
L O F E L A S R E V I N U E
O H G E L E T T R O N E E X
R E L A T I V I T À F J A L
```

ACCELERAZIONE
ATOMO
CAOS
DENSITÀ
ELETTRONE
FORMULA
FREQUENZA
GAS
GRAVITÀ

MASSA
MECCANICA
MOLECOLA
MOTORE
NUCLEARE
PARTICELLA
CHIMICO
RELATIVITÀ
UNIVERSALE

21 - Belleza

```
F  I  C  I  B  R  O  F  Z  J  Z  Z  X  J
R  O  A  R  A  C  S  A  M  M  C  Y  M  Y
I  C  T  P  W  N  I  S  H  G  O  D  F  E
C  C  S  O  M  L  O  C  J  X  S  D  R  L
C  U  I  M  G  D  L  I  L  O  M  S  A  E
I  R  L  U  S  E  S  N  U  T  E  P  G  G
O  T  I  F  H  T  N  O  K  E  T  E  R  A
L  C  T  O  A  N  S  I  P  A  I  C  A  N
I  O  S  R  M  A  G  E  C  F  C  C  N  Z
Z  L  Z  P  P  G  E  R  R  O  I  H  Z  A
I  O  P  J  O  E  Q  D  A  V  Z  I  A  W
O  R  U  L  O  L  G  P  M  Z  I  O  F  T
E  E  N  R  B  E  L  L  E  P  I  Z  H  C
R  O  S  S  E  T  T  O  W  A  E  A  I  T
```

OLI	FOTOGENICO
PROFUMO	FRAGRANZA
SHAMPOO	GRAZIA
COLORE	TRUCCO
COSMETICI	PELLE
ELEGANZA	ROSSETTO
ELEGANTE	RICCIOLI
FASCINO	MASCARA
SPECCHIO	SERVIZI
STILISTA	FORBICI

22 - Países #1

```
Y U H L B L X K N H O N K A
U D A L E U Z E N E V N L R
G S T I L A M P A N A M A G
I U S D I A I G E V R O N E
P R F W S I O S J E F M A N
G E R M A N I A N G A P S T
E L N L R O G D I N E H M I
C I W I B L L A I F G O A N
U N Z Z P O E N N M I N R A
A U A L F P B A D A T D O K
D L I B I A I C I D T U C X
O I T A L I A L A P O R C M
R E T I E R J X I P B A O O
N I C A R A G U A F S S P F
```

GERMANIA	INDIA
ARGENTINA	ITALIA
BELGIO	LIBIA
BRASILE	MALI
CANADA	MAROCCO
ECUADOR	NICARAGUA
EGITTO	NORVEGIA
SPAGNA	PANAMA
FILIPPINE	POLONIA
HONDURAS	VENEZUELA

23 - Mitología

```
G L C R E A Z I O N E X Z I
C E G U E R R I E R O C C M
M N L M O R T A L E O S C M
E I E O T N I R I B A L M O
T M R R S C R E A T U R A R
U L O T A I D Q K D Q Q D T
O U E S F R A R U T L U C A
N F F A I O C C Y L Q W R L
O R T S O M R H F S G Z X I
B W K I W Y K Z E C U J G T
K W Z D Q N Z W A T O H Q À
E G L E G G E N D A I Q G Q
A P A R A D I S O P M P B R
C R E D E N Z E B E H R O N
```

ARCHETIPO	GUERRIERO
GELOSIA	EROE
PARADISO	IMMORTALITÀ
CREAZIONE	LABIRINTO
CREDENZE	LEGGENDA
CREATURA	MOSTRO
CULTURA	MORTALE
DISASTRO	FULMINE
FORZA	TUONO

24 - Ecología

```
S F L O R A C S N A T U R A
B O B W D P L I P I A N T E
Z M P Z M O I C M H J K L I
T R P R T Q M C A E R M C C
E D U L A P A I R L O L X E
L K M J T V S T I I F S K P
A Q X F I E V À N B B E F S
B P X F B I A I O I A W E L
O C B K A J K Y V N H O R G
L I J A H K H À T E I R A V
G C O M U N I T À T N J N H
D I V E R S I T À S D Z U U
K A R I S O R S E O M O A C
N A T U R A L E N S J Z F R
```

CLIMA	NATURALE
COMUNITÀ	NATURA
DIVERSITÀ	PALUDE
SPECIE	PIANTE
FAUNA	RISORSE
FLORA	SICCITÀ
GLOBALE	SOSTENIBILE
HABITAT	SOPRAVVIVENZA
MARINO	VARIETÀ

25 - Casa

```
N L X Y D I G B G M T P S I
F M A J O J A A O O N O P R
K N H M R Z Q E R T S R E B
K O T E P P A T P A D T C I
O N I D R A I G A N G A C B
T O T T E T D U R I Q E H L
S C O P A P U A E T D A I I
Q I Z A P R E A T N A R O O
F T U I O Z E I E A W T U T
O T N I C E R M D C U S R E
Q A D O C C I A A S S E F C
C A M I N O Z C U C I N A A
P A V I M E N T O R H I K M
R U B I N E T T O Z H F A L
```

TAPPETO	CAMERA
ATTICO	GIARDINO
BIBLIOTECA	LAMPADA
CAMINO	PARETE
CUCINA	PAVIMENTO
DOCCIA	PORTA
SCOPA	SCANTINATO
SPECCHIO	TETTO
GARAGE	RECINTO
RUBINETTO	FINESTRA

26 - Salud y Bienestar #2

```
S  T  X  Q  E  U  A  A  M  C  O  V  N  N
E  U  G  N  A  S  N  L  A  A  S  I  P  F
N  L  O  D  E  R  A  L  L  L  P  T  C  Y
O  A  T  R  X  Z  T  E  A  O  E  A  P  C
I  G  I  E  N  E  O  R  T  R  D  M  C  A
Z  W  T  G  W  B  M  G  T  I  A  I  D  K
I  O  E  B  R  E  I  I  I  A  L  N  G  A
R  Q  P  N  S  E  A  A  A  G  E  A  M  C
T  F  P  F  A  E  N  O  I  Z  E  F  N  I
U  D  A  X  S  T  R  E  S  S  A  U  Y  T
N  N  D  I  G  E  S  T  I  O  N  E  P  E
M  A  S  S  A  G  G  I  O  L  S  I  E  N
D  I  E  T  A  N  U  Y  F  E  H  N  S  E
S  A  N  O  R  E  P  U  C  E  R  T  O  G
```

ALLERGIA	IGIENE
ANATOMIA	OSPEDALE
APPETITO	INFEZIONE
CALORIA	MASSAGGIO
DIETA	NUTRIZIONE
DIGESTIONE	PESO
ENERGIA	RECUPERO
MALATTIA	SANO
STRESS	SANGUE
GENETICA	VITAMINA

27 - Selva Tropical

```
M A M M I F E R I H L G Z D
I O M O F B I W T T Y I L S
R C G I Z O N K T Q I U L K
N U V O L E S I B I F N A L
D R U R D C E L P S U G S R
I I I U D Y T L R L X L P B
V N O A U O T E E G S A E O
E D I T G A I C Z Q Y R C C
R I H S T B H C I G X U I I
S G C E B E O U O I U T E N
I E S R D D P N S I G A X A
T N U Q I P R S O N J N F T
À O M Y U Q G R I F U G I O
C O M U N I T À D R X W D B
```

ANFIBI
BOTANICO
CLIMA
COMUNITÀ
DIVERSITÀ
SPECIE
INDIGENO
INSETTI
MAMMIFERI

MUSCHIO
NATURA
NUVOLE
UCCELLI
RIFUGIO
RISPETTO
RESTAURO
GIUNGLA
PREZIOSO

28 - Adjetivos #1

```
I M P O R T A N T E A A N O
A L Y E L E N T O P R T F N
P T P R E Z I O S O O T N E
P R T G I O V A N E M I F S
M E M R O N E C T S A V O T
O G S H A I Y Y L A T O R O
D E O A Z E O S O N I M U L
E N L A N L N R G W C F C J
R E Q Y U T O T U L O S S A
N R G P A Y E R E Y Y N T T
O O Z R I N N O C E N T E K
L S C S A A M B I Z I O S O
Z O K J U V P E R F E T T O
I Q W O I Q E D N A R G N N
```

ASSOLUTO	IMPORTANTE
ATTIVO	INNOCENTE
AMBIZIOSO	GIOVANE
AROMATICO	LENTO
ATTRAENTE	MODERNO
LUMINOSO	SCURO
ENORME	PERFETTO
GENEROSO	PESANTE
GRANDE	GRAVE
ONESTO	PREZIOSO

29 - Familia

```
M  J  M  X  Z  X  N  Z  X  Z  S  J  M  B
A  O  M  A  D  R  E  I  S  I  K  Y  O  A
N  N  G  N  M  W  C  H  P  O  Y  E  Q  M
T  I  Y  L  O  N  N  O  N  O  N  X  M  B
E  G  M  Y  I  N  I  X  T  I  T  H  A  I
N  U  W  N  H  E  N  Z  F  B  Q  E  T  N
A  C  T  Q  E  Y  G  A  I  Z  R  I  E  I
T  C  C  B  A  M  B  I  N  O  Q  I  R  Z
O  M  E  S  P  A  L  L  E  R  O  S  N  H
M  A  R  I  T  O  I  G  K  B  A  O  O  Q
R  A  D  Z  S  S  H  I  N  E  K  N  P  M
D  W  A  A  A  S  T  F  F  A  B  M  B  S
Q  A  P  F  F  I  N  F  A  N  Z  I  A  D
J  A  B  H  F  R  A  T  E  L  L  O  I  D
```

NONNA	MARITO
NONNO	MATERNO
ANTENATO	NIPOTE
MOGLIE	BAMBINO
SORELLA	BAMBINI
FRATELLO	PADRE
FIGLIA	CUGINO
INFANZIA	ZIA
MADRE	ZIO

30 - Disciplinas Científicas

```
A  C  I  N  A  C  C  E  M  M  A  F  T  U
I  Y  F  H  I  A  Y  O  B  P  R  I  E  T
R  A  Q  S  G  I  A  D  L  F  C  S  R  P
Q  I  F  S  O  G  I  A  A  T  H  I  M  S
S  M  W  A  L  O  M  I  C  D  E  O  O  I
S  O  C  I  O  L  O  G  I  A  O  L  D  C
C  T  I  G  R  O  N  O  T  C  L  O  I  O
H  A  Y  O  O  N  O  L  S  I  O  G  N  L
I  N  A  L  E  U  R  O  I  N  G  I  A  O
M  A  I  O  T  M  T  E  U  A  I  A  M  G
I  L  C  C  E  M  S  G  G  T  A  W  I  I
C  K  U  E  M  I  A  I  N  O  M  M  C  A
A  Q  A  I  G  O  L  O  I  B  J  A  A  X
K  T  C  R  A  I  G  O  L  O  R  U  E  N
```

ANATOMIA
ARCHEOLOGIA
ASTRONOMIA
BIOLOGIA
BOTANICA
ECOLOGIA
FISIOLOGIA
GEOLOGIA
IMMUNOLOGIA

LINGUISTICA
MECCANICA
METEOROLOGIA
NEUROLOGIA
PSICOLOGIA
CHIMICA
SOCIOLOGIA
TERMODINAMICA

31 - Cocina

```
T E R A I G N A M J B M F S
T L I A I H C C U C O E R P
A U C T W T A E S U L S I U
Z I E J O L Q K U Q L T G G
Z B T X N V C R F E I O O N
E M T P Q C A I L C T L R A
T E A B Q K J G B Y O O I O
T R S P E Z I E L O R A F L
E G X O Y P B H J I E R E K
H E R O T A L E G N O C R N
C U L Q F U I L L E T L O C
C U B J K E T T E H C R O F
A C I O T O L A I L G I R G
B R O C C A Z N R F O R N O
```

BOLLITORE
MANGIARE
CIBO
CONGELATORE
CUCCHIAI
MESTOLO
COLTELLI
GREMBIULE
SPEZIE
SPUGNA

FORNO
BROCCA
BACCHETTE
GRIGLIA
RICETTA
FRIGORIFERO
TOVAGLIOLO
TAZZE
CIOTOLA
FORCHETTE

32 - Moda

```
M G S P P I Z Z O I D E E Q
I W O R S E M P L I C E R Q
N P F A M O D E L L O W E A
I U I T O M N H Y E Y A J Z
M L S I L A E X T Y B Z U P
A S T C K C E L E G A N T E
L A I O E I P C F S F E B L
I N C T O R A C C Y Z D O A
S T A S T P U O R I U N U N
T I T E U I K S T I L E T I
A W O D S P B J I J U T I G
F I S O S W M A P M Z R Q I
Z G B M E M O D E R N O U R
S B X Z T T R A M A N S E O
```

RICAMO
PULSANTI
BOUTIQUE
CARO
ELEGANTE
PIZZO
STILE
MISURE
MINIMALISTA
MODERNO

MODESTO
ORIGINALE
MODELLO
PRATICO
SEMPLICE
SOFISTICATO
TESSUTO
TENDENZA
TRAMA

33 - Electricidad

```
Q Q L F X L C A V O R E I T
L U E R O T A R E N E G F E
A P A E A N I D A P M A L L
M O S N L J R F I L I C L E
P S E I T T E G G O K U F V
A I R O V I T A G E N B K I
D T P H T K T H Q B T S U S
A I S G J L A À U X I E G I
Y V P S Y U B M W R H T R O
M O W R E X K P X U H E N N
C O N S E R V A Z I O N E E
L I X X C S Y J J F T G F F
K T C Q N M A X M N T A L W
O C I R T T E L E B B M G K
```

CONSERVAZIONE
BATTERIA
LAMPADINA
CAVO
FILI
QUANTITÀ
ELETTRICO
PRESA
GENERATORE

MAGNETE
LAMPADA
LASER
NEGATIVO
OGGETTI
POSITIVO
RETE
TELEVISIONE

34 - Salud y Bienestar #1

```
E  B  V  R  A  A  L  T  E  Z  Z  A  A  T
T  A  I  I  N  B  P  E  L  L  E  S  T  R
Y  T  R  F  I  R  I  C  E  L  I  S  T  A
F  T  U  L  C  D  W  T  R  E  A  O  I  T
T  E  S  E  I  Z  T  N  U  X  A  M  V  T
E  R  B  S  D  O  E  Y  P  D  C  Y  O  A
R  I  A  S  E  X  A  A  O  C  I  D  E  M
A  I  N  O  M  R  O  R  Z  K  N  N  Y  E
P  R  G  C  D  M  R  U  B  S  I  R  E  N
I  L  O  C  S  U  M  T  O  C  L  P  C  T
A  R  U  T  S  O  P  T  E  O  C  E  Z  O
S  R  I  L  A  S  S  A  M  E  N  T  O  R
W  W  A  I  C  A  M  R  A  F  G  C  Z  U
W  C  J  Z  I  N  N  F  F  H  W  U  S  T
```

ATTIVO	OSSA
ALTEZZA	MEDICINA
BATTERI	MUSCOLI
CLINICA	PELLE
MEDICO	POSTURA
FARMACIA	RIFLESSO
FRATTURA	RILASSAMENTO
FAME	TERAPIA
ABITUDINE	TRATTAMENTO
ORMONI	VIRUS

35 - Adjetivos #2

```
C O M M E S T I B I L E N J
O R G O G L I O S O M B A J
I N T E R E S S A N T E T D
P R O D U T T I V O N C U G
D R A M M A T I C O W K R F
E L A M R O N Y Y A P T A R
W Y W E Q C M Y R C X G L E
R E S P O N S A B I L E E S
F S E T N A C C I P B W L C
F A A O A T M F I A O A O O
F O M L S S N N U O V O C S
L D R O A C R E A T I V O W
D K H T S T E L E G A N T E
E P Y Y E O O A L I Y K F S
```

STANCO
COMMESTIBILE
CREATIVO
DRAMMATICO
ELEGANTE
FAMOSO
FRESCO
FORTE
INTERESSANTE

NATURALE
NORMALE
NUOVO
ORGOGLIOSO
PICCANTE
PRODUTTIVO
RESPONSABILE
SALATO
SANO

36 - Cuerpo Humano

```
Z  D  P  O  P  E  H  K  A  P  E  A  C  R
K  D  I  K  O  C  C  H  I  O  E  S  G  D
B  R  C  T  X  J  R  P  R  B  F  L  T  J
C  G  O  U  O  I  H  C  C  E  R  O  L  O
E  H  L  R  N  B  M  L  S  E  Z  T  L  E
R  C  L  Q  A  O  T  N  E  M  C  I  I  S
V  U  O  U  M  C  T  E  S  T  A  M  N  A
E  O  S  A  N  C  N  O  J  U  Q  O  G  N
L  R  Q  I  B  A  X  G  P  B  H  G  U  G
L  E  Z  C  M  M  F  X  I  X  D  X  A  U
O  F  O  C  W  O  A  L  L  A  P  S  K  E
B  N  O  A  R  W  T  G  T  F  E  P  G  A
Z  B  F  F  G  I  N  O  C  C  H  I  O  X
M  R  I  Q  C  A  V  I  G  L  I  A  J  I
```

MENTO	LINGUA
BOCCA	MANO
TESTA	NASO
FACCIA	OCCHIO
CERVELLO	ORECCHIO
GOMITO	PELLE
CUORE	GAMBA
COLLO	GINOCCHIO
DITO	SANGUE
SPALLA	CAVIGLIA

37 - Ciencia

```
L  D  P  G  P  I  A  N  T  E  D  F  M  O
S  R  X  H  R  T  Q  T  D  C  D  A  U  R
I  F  P  I  L  A  R  E  N  I  M  T  E  G
Z  Z  M  S  H  D  V  K  C  M  O  T  V  A
F  O  S  S  I  L  E  I  J  W  A  O  O  N
I  D  C  U  E  R  W  W  T  Z  N  X  L  I
P  O  L  L  X  B  E  D  U  À  G  Q  U  S
O  T  W  N  I  C  H  I  M  I  C  O  Z  M
T  E  X  H  A  M  A  T  O  M  O  Y  I  O
E  M  Z  U  K  T  A  C  I  S  I  F  O  M
S  H  Y  Y  R  N  U  W  E  U  X  H  N  E
I  O  T  N  E  M  I  R  E  P  S  E  E  F
M  O  L  E  C  O  L  E  A  C  M  S  C  J
S  C  I  E  N  Z  I  A  T  O  Q  B  H  F
```

ATOMO	FATTO
SCIENZIATO	IPOTESI
CLIMA	METODO
DATI	MINERALI
EVOLUZIONE	MOLECOLE
ESPERIMENTO	NATURA
FISICA	ORGANISMO
FOSSILE	PIANTE
GRAVITÀ	CHIMICO

38 - Restaurante #2

```
A C Q F E C S E P A F X O D
P U N O R V J I R W I E A E
E C A R E E R Z A T R O T L
R C J C I R C E N N B S T I
I H Q H R D O P Z N E S U Z
T I M E E U M S O D X C R I
I A A T M R L C I J P X F O
V I R T A E N H C C T P I S
O O T A C F A F C S Y Z S O
I N S A L A T A A E A I E C
R F E A C Q U A I H N L S D
A D N A V E B T H D E L E C
F L I Q U O V A G N E M B Z
I U M U Y O L T W D M S L Q
```

ACQUA
PRANZO
APERITIVO
BEVANDA
CAMERIERE
CENA
CUCCHIAIO
DELIZIOSO
INSALATA
SPEZIE

FRUTTA
GHIACCIO
UOVA
TORTA
PESCE
SALE
SEDIA
MINESTRA
FORCHETTA
VERDURE

39 - Profesiones #1

```
E R E I P M O P P A B Y D X
D A C X C A C C I A T O R E
I R Q N L L I D N T O N G P
T D E Y T T D J R E Z I E B
O Y B N A N E Q A L Y R O A
R N B O L A M B T T N E L N
E A V V O C A T O A W L O C
G I O I E L L I E R E L G H
P S I C O L O G O Q N A O I
I N F E R M I E R A C B I E
C A R T O G R A F O T B O R
N T D O I D R A U L I C O E
H M A L L E N A T O R E Q T
Z A M U S I C I S T A W E B
```

AVVOCATO   EDITORE
ATLETA   INFERMIERA
BALLERINO   ALLENATORE
BANCHIERE   IDRAULICO
POMPIERE   GEOLOGO
CARTOGRAFO   GIOIELLIERE
CACCIATORE   MUSICISTA
MEDICO   PSICOLOGO

40 - Geometría

```
O  R  I  Z  Z  O  N  T  A  L  E  M  D  U
D  I  O  T  A  K  M  E  V  Z  W  A  I  K
F  I  N  G  X  C  O  S  R  H  Y  S  M  A
W  X  A  C  I  G  O  L  U  N  Y  S  E  T
F  P  I  M  T  C  J  Y  C  U  U  A  N  R
T  K  D  P  E  A  L  T  E  Z  Z  A  S  I
U  B  E  R  K  T  S  E  U  K  I  R  I  A
A  J  M  W  X  G  R  E  W  J  U  P  O  N
O  I  O  A  K  F  P  O  G  M  G  F  N  G
P  A  R  A  L  L  E  L  O  M  B  T  E  O
D  H  E  O  L  O  C  L  A  C  E  O  M  L
S  I  M  M  E  T  R  I  A  B  Z  N  U  O
L  S  U  P  K  T  A  N  G  O  L  O  T  U
R  E  N  O  I  Z  A  U  Q  E  M  F  T  O
```

ALTEZZA

ANGOLO

CALCOLO

CURVA

DIAMETRO

DIMENSIONE

EQUAZIONE

ORIZZONTALE

LOGICA

MASSA

MEDIANO

NUMERO

PARALLELO

SEGMENTO

SIMMETRIA

TEORIA

TRIANGOLO

41 - Baile

```
C O R P O B Z P M A V O R P
G I O I O S O A K I T J R X
C L A S S I C O D F U S U H
K A N X J U I A C A K D M E
R A R U T L U C A R T E E S
R I T M O F K C Y G S V M P
O M U S I C A A G O A I O R
N Y Q H J R N D R E L S Z E
G S A H G N J E A R T I I S
A R U T S O P M Z O O V O S
P R A A N A G I I C Z O N I
M S Q G I I S A A H O R E V
O T N E M I V O M U X N E O
C U L T U R A L E Y L Q H A
```

ACCADEMIA
GIOIOSO
ARTE
CLASSICO
COREOGRAFIA
CORPO
CULTURA
CULTURALE
EMOZIONE
PROVA

ESPRESSIVO
GRAZIA
MOVIMENTO
MUSICA
POSTURA
RITMO
SALTO
COMPAGNO
VISIVO

42 - Matemáticas

```
T  F  A  R  I  T  M  E  T  I  C  A  J  N
R  P  R  Z  F  Q  U  A  D  R  A  T  O  W
I  Q  O  A  E  Z  X  I  I  R  E  M  U  N
A  H  L  L  Z  A  I  R  T  E  M  O  E  G
N  O  O  N  I  I  P  M  Z  T  D  Q  E  E
G  O  D  W  N  G  O  U  O  T  E  Y  Q  S
O  I  G  G  A  R  O  N  T  A  C  Z  U  P
L  V  O  L  U  M  E  N  E  N  I  L  A  O
O  R  T  E  M  A  I  D  O  G  M  S  Z  N
S  I  M  M  E  T  R  I  A  O  A  F  I  E
P  A  R  A  L  L  E  L  O  L  L  E  O  N
A  N  G  O  L  I  C  G  Z  O  E  R  N  T
U  W  P  E  R  I  M  E  T  R  O  A  E  E
C  I  R  C  O  N  F  E  R  E  N  Z  A  Q
```

ARITMETICA	GEOMETRIA
ANGOLI	NUMERI
CIRCONFERENZA	PARALLELO
QUADRATO	PERIMETRO
DECIMALE	POLIGONO
DIAMETRO	RAGGIO
EQUAZIONE	RETTANGOLO
SFERA	SIMMETRIA
ESPONENTE	TRIANGOLO
FRAZIONE	VOLUME

43 - Restaurante #1

```
C F R C H Q S L W Y F T C J
Z A E B O B I C O B P O A M
L S S A F L F T C N I V M C
U L Y S K G T R A Q A A E I
H A C P I Q M E Y C T G R O
D S F L I E K S L H T L I T
È W L K J G R S P L O I E O
F U I I R M G E I G O O R L
F N E O B J I D C G L L A A
A L L E R G I A C E A O E U
C M L C A R N E A N I C U C
S T E E R A I G N A M K P P
N W Q N Q C C W T P K M Z U
Q X P Q Ù Y U B E P O L L O
```

ALLERGIA	MENÙ
CAFFÈ	PANE
CASSIERE	PICCANTE
CAMERIERA	PIATTO
CARNE	POLLO
CUCINA	DESSERT
MANGIARE	SALSA
CIBO	TOVAGLIOLO
COLTELLO	CIOTOLA

44 - Profesiones #2

```
I  L  D  E  T  E  C  T  I  V  E  I  F  G
N  N  I  P  I  T  T  O  R  E  Z  N  O  I
T  E  G  N  A  T  O  L  I  P  O  V  T  A
D  R  J  E  G  S  Z  M  X  C  O  E  O  R
I  O  L  S  G  U  T  T  L  A  L  N  G  D
G  T  Q  R  R  N  I  R  M  H  O  T  R  I
F  A  W  I  I  G  E  S  O  P  G  O  A  N
O  C  I  D  E  M  R  R  T  N  O  R  F  I
M  R  M  U  W  S  Y  A  E  A  A  E  O  E
L  E  T  N  A  N  G  E  S  N  I  U  B  R
B  C  D  F  I  L  O  S  O  F  O  B  T  E
B  I  B  L  I  O  T  E  C  A  R  I  O  A
O  R  Y  O  L  C  H  I  R  U  R  G  O  D
L  I  Z  H  B  I  O  L  O  G  O  B  W  W
```

ASTRONAUTA	RICERCATORE
BIBLIOTECARIO	GIARDINIERE
BIOLOGO	LINGUISTA
CHIRURGO	MEDICO
DETECTIVE	PILOTA
FILOSOFO	PITTORE
FOTOGRAFO	INSEGNANTE
INGEGNERE	ZOOLOGO
INVENTORE	

45 - Senderismo

```
A  B  E  F  Z  M  O  N  T  A  G  N  A  Z
R  Y  J  J  A  I  G  S  Z  Y  A  Z  N  Y
E  L  G  O  N  X  L  T  E  X  E  D  A  W
O  Y  U  T  Z  P  S  A  M  I  L  C  T  S
F  N  I  N  A  Z  Y  N  V  K  U  D  U  E
V  P  D  E  R  T  X  C  G  I  X  G  R  L
A  E  E  M  E  T  S  O  M  Q  T  W  A  V
N  T  R  A  A  A  J  T  A  A  N  S  U  A
I  N  X  T  Y  E  R  T  E  I  P  H  Q  G
M  A  W  N  I  O  Z  F  Q  X  E  P  C  G
A  S  F  E  I  C  G  P  N  U  E  L  A  I
L  E  O  I  G  G  E  P  M  A  C  E  X  O
I  P  R  R  P  A  R  C  H  I  S  O  L  E
M  A  Q  O  S  C  O  G  L  I  E  R  A  K
```

SCOGLIERA	MONTAGNA
ACQUA	ZANZARE
ANIMALI	NATURA
STIVALI	ORIENTAMENTO
CAMPEGGIO	PARCHI
STANCO	PESANTE
CLIMA	PIETRE
VERTICE	SELVAGGIO
GUIDE	SOLE
MAPPA	

46 - Naturaleza

```
N S A K G T H G B J T Y D D
E E R N H Y R J B B H L E I
B I T G I F W O N E R E S N
B F I F A A X I P O C U E A
I O C O C N X R S I P A R M
A G O R C I E A Z G C Z T I
S L F E I M N U G G H A O C
P I I S A A G T F A N Z L O
E A U T I L A N J V U Z I E
O M M A O I T A H L V E X L
O E E J P X N S O E O L D A
R I F U G I O Q U S L L P T
M D Q Q X Y M U M N E E M I
E R O S I O N E B J P B P V
```

APImax
ANIMALI
ARTICO
BELLEZZA
FORESTA
DESERTO
DINAMICO
EROSIONE
FOGLIAME
GHIACCIAIO

MONTAGNE
NEBBIA
NUVOLE
RIFUGIO
FIUME
SELVAGGIO
SANTUARIO
SERENO
TROPICALE
VITALE

47 - Conduciendo

```
S  I  C  U  R  E  Z  Z  A  S  D  I  R  T
G  S  E  R  C  R  M  R  T  J  A  N  W  R
Z  A  O  T  R  O  P  S  A  R  T  C  L  A
A  G  R  Q  F  T  A  M  E  T  S  I  M  F
A  G  F  A  P  O  B  X  O  O  U  D  A  F
A  U  T  O  G  M  D  A  H  T  B  E  P  I
X  X  P  C  T  E  S  I  Z  S  O  N  P  C
P  E  D  O  N  A  L  E  D  J  T  T  A  O
N  O  R  O  E  L  E  Y  X  C  U  E  F  R
O  L  O  C  I  R  E  P  U  W  A  U  R  E
I  F  M  D  D  A  Z  N  E  C  I  L  K  H
M  F  R  E  N  I  R  L  N  K  C  F  R  N
A  I  Z  I  L  O  P  L  X  U  G  L  B  O
C  A  R  B  U  R  A  N  T  E  T  J  Y  L
```

INCIDENTE	MOTO
AUTOBUS	MOTORE
CAMION	PEDONALE
AUTO	PERICOLO
CARBURANTE	POLIZIA
FRENI	SICUREZZA
GARAGE	TRASPORTO
GAS	TRAFFICO
LICENZA	TUNNEL
MAPPA	

48 - Ballet

```
A  X  S  E  R  O  T  I  S  O  P  M  O  C
O  À  T  I  S  N  E  T  N  I  L  L  C  C
G  R  S  A  R  P  P  T  A  R  Q  E  I  O
S  E  C  A  V  O  R  P  C  X  T  Z  T  R
S  R  S  H  Y  O  D  E  I  W  R  I  S  E
W  J  I  T  E  W  M  E  S  R  A  O  I  O
J  F  N  H  O  S  G  E  U  S  C  N  T  G
S  T  I  L  E  J  T  Z  M  I  I  I  R  R
R  T  R  E  M  G  L  R  I  Y  T  V  A  A
I  T  E  S  P  D  J  S  A  S  A  O  O  F
T  W  L  M  U  S  C  O  L  I  R  D  R  I
M  H  L  A  B  I  L  I  T  À  P  E  A  A
O  C  A  N  I  R  E  L  L  A  B  S  E  O
U  U  B  A  P  P  L  A  U  S  O  L  L  I
```

APPLAUSO
ARTISTICO
BALLERINA
BALLERINI
COMPOSITORE
COREOGRAFIA
PROVA
STILE
ESPRESSIVO

GESTO
ABILITÀ
INTENSITÀ
LEZIONI
MUSCOLI
MUSICA
ORCHESTRA
PRATICA
RITMO

49 - Fuerza y Gravedad

```
P R E S S I O N E L O S E P
D I N A M I C O Y B R X G L
I L W M Y R I O E Q B W À E
D A W N E C R M E H I W T M
T R S O E C D Y P X T Q E N
I Q E T T L C N J A A T I E
R K M N G M A A R C T D R S
A T R E P O C S N W E T P O
C T E M P O K T R I H I O A
E N O I S N A P S E C Y R S
N I R V B X L W Z N V A P S
T K K O T A Z N A T S I D E
R W L M P I A N E T I S N G
O T I R T T A C I S I F R U
```

CENTRO
SCOPERTA
DINAMICO
DISTANZA
ASSE
ESPANSIONE
FISICA
ATTRITO
IMPATTO

MECCANICA
MOVIMENTO
ORBITA
PESO
PIANETI
PRESSIONE
PROPRIETÀ
TEMPO
UNIVERSALE

50 - Aventura

```
S Y Z T E B E L L E Z Z A N
U U À T I N U T R O P P O A
W A Z T W N T A D U U R V T
O T Y E U U G U A G L E I U
I T D O Y O A I S H Q N A R
R I I I O V N X O I T O G A
A V B G F O J R I I A I G G
R I Q G Y F H J K Y A S I M
E T L A B R I H F E I R M I
N À B R F C H C E J X U Y O
I N S O L I T O O C D C G D
T H W C A M I C I L E S G C
I S I C U R E Z Z A T E D R
N A V I G A Z I O N E À L A
```

ATTIVITÀ
GIOIA
AMICI
BELLEZZA
DIFFICOLTÀ
ENTUSIASMO
ESCURSIONE
INSOLITO

ITINERARIO
NATURA
NAVIGAZIONE
NUOVO
OPPORTUNITÀ
SICUREZZA
CORAGGIO
VIAGGI

51 - Pájaros

```
A F E N I C O T T E R O E H
I Y F W B J G A B B I A N O
R P E L L I C A N O S R O N
O Z C I C O G N A C C T I I
N V C H P W Z H Y L I A C U
E R O Y R O N Z D A G N C G
O C A U Z C L B U F N A I N
P A S S E R O L C R O Q P I
A Q U I L A C Q O Z T W R P
W C B F T U C A N O F S L E
Y W O B O F J N C Y I C X L
P A P P A G A L L O T O M X
C U C U L O N I R A N A C C
F Z W U A E B P D A Y M K N
```

STRUZZO   PASSERO
AQUILA   FALCO
CANARINO   UOVO
CICOGNA   PAPPAGALLO
CIGNO   PICCIONE
CUCULO   ANATRA
FENICOTTERO   PELLICANO
OCA   PINGUINO
AIRONE   POLLO
GABBIANO   TUCANO

52 - Geografía

```
F C O N T I N E N T E Z I E
S I T D G K D C M T Z R S H
J Q U B J C Z I T A D W O T
M S C M R B L G E X P B L O
M O I L E N O I G E R P A M
A N N A E T D A M S O P A E
R D Z D C I T T À E C O O R
E E X D O Y K W E A Z L N I
M O N T A G N A Y P T T K D
A L T I T U D I N E F H U I
G S S O R E F S I M E L G A
J Y E E N I D U T I T A L N
L S V T R U X D R O N T H O
E N O C T N G A T L A N T E
```

ALTITUDINE	MERIDIANO
ATLANTE	MONTAGNA
CITTÀ	MONDO
CONTINENTE	NORD
EMISFERO	OVEST
ISOLA	PAESE
LATITUDINE	REGIONE
MAPPA	FIUME
MARE	SUD

53 - Música

```
I  C  C  M  U  S  I  C  I  S  T  A  A  R
M  L  A  A  C  A  N  T  A  N  T  E  L  I
P  A  I  R  N  I  T  M  J  C  S  N  B  T
R  S  D  E  M  T  H  F  P  C  T  O  U  M
O  S  O  P  M  O  A  I  I  B  R  I  M  O
V  I  L  O  I  M  N  R  H  A  U  Z  V  C
V  C  E  S  C  U  J  I  E  L  M  A  O  I
I  O  M  U  R  S  S  I  A  L  E  R  C  N
S  T  A  P  O  I  T  J  B  A  N  T  A  O
A  P  H  R  F  C  K  E  Z  T  T  S  L  M
R  P  A  X  O  A  K  B  M  A  O  I  E  R
E  A  N  N  N  L  I  X  O  P  A  G  Z  A
T  B  F  P  O  E  Z  G  J  N  O  E  P  Y
P  Z  C  I  P  O  E  T  I  C  O  R  O  C
```

ARMONIA	STRUMENTO
ARMONICO	MELODIA
ALBUM	MICROFONO
BALLATA	MUSICALE
CANTANTE	MUSICISTA
CANTARE	OPERA
CLASSICO	POETICO
CORO	RITMO
REGISTRAZIONE	TEMPO
IMPROVVISARE	VOCALE

54 - Actividades

```
G D A E E Z S S K L C S I Z
I Z À T I L I B A I A M M P
A A T R T Y O W H Z C D A C
R I E A A I N I S S C P G E
D M M I R S V L F L I I I R
I Q P F T S G I E N A M A A
N E O A I E I P T T Q O O M
A C L R G R O F I À T M Q I
G U I G I E C H A T H U I C
G C B O A T H I D Q T Y R A
I I E T N N I S J Y R U R A
O R R O A I P E S C A A R N
K E O F T P I A C E R E R A
A A H E O F P U Z Z L E U R
```

ATTIVITÀ   GIARDINAGGIO
ARTE   GIOCHI
ARTIGIANATO   LETTURA
CACCIA   MAGIA
CERAMICA   TEMPO LIBERO
CUCIRE   PESCA
FOTOGRAFIA   PITTURA
ABILITÀ   PIACERE
INTERESSI   PUZZLE

55 - Instrumentos Musicales

```
F O N O F O S S A S O T P H
B X Q P Q A A E S J E A I Q
Q P Z D M I G N R S A M A K
M F M O N I L O I V C B N B
A R P A K I M B T R I U O B
O L L E R U B M A T N R F M
G S O K H L E O B O O O A
F O J R Z S W R M U M C R N
R L N B U D O T I O R H T D
X T A G S X P O R L A Q E O
C X B U D I I C A F U K I L
L O Z X T W Q M M L E M I I
D P X N P O T R O M B A P N
C H I T A R R A I F Y R Z O
```

ARMONICA
ARPA
BANJO
FAGOTTO
FLAUTO
GONG
CHITARRA
MANDOLINO
MARIMBA

OBOE
TAMBURELLO
PIANOFORTE
SASSOFONO
TAMBURO
TROMBONE
TROMBA
VIOLINO

56 - Mascotas

```
V E T E R I N A R I O C C E
G U I N Z A G L I O S O O T
C P A P P A G A L L O N L J
R R Q Y K G A F N X O I L W
C I I F Q U D R S S G G A F
J I X C P R O L T G K L R T
N Q B H E A C B C I L I E K
T W A O S T X T S I G O F Q
O C C K D R O J I A W L T T
P A Q M B A R P A C H H I S
O N U I N T C U C C I O L O
R E A L O T R E C U L S R S
Y Z X M G A T T O M J B X M
C M T Z Z A M P E P E S C E
```

ACQUA	CRICETO
CAPRA	LUCERTOLA
CUCCIOLO	PAPPAGALLO
CODA	ZAMPE
COLLARE	CANE
CIBO	PESCE
CONIGLIO	TOPO
GUINZAGLIO	TARTARUGA
ARTIGLI	MUCCA
GATTO	VETERINARIO

57 - Formas

```
L  R  G  O  Q  D  Q  S  O  J  S  C  P  E
K  I  G  S  J  O  B  U  C  G  W  U  R  L
R  C  N  D  N  N  Y  S  A  I  U  R  I  L
P  E  O  E  L  K  A  P  R  D  J  V  S  I
I  O  T  U  A  L  M  U  E  R  R  A  M  S
R  V  F  T  F  T  Y  P  F  O  A  A  A  S
A  A  P  R  A  F  W  X  S  B  E  L  T  E
M  L  Y  R  O  N  O  G  I  L  O  P  R  O
I  E  J  M  N  M  G  E  A  K  C  L  B  L
D  Q  Y  C  O  D  O  O  H  T  R  I  U  O
E  U  F  Q  C  P  T  Q  L  Z  A  P  T  G
C  I  L  I  N  D  R  O  I  O  T  A  L  N
H  K  I  W  Y  H  C  E  R  C  H  I  O  A
X  A  L  I  P  E  R  B  O  L  E  G  Y  H
```

ARCO   ANGOLO
BORDI   IPERBOLE
CILINDRO   LATO
CERCHIO   LINEA
CONO   OVALE
QUADRATO   PIRAMIDE
CUBO   POLIGONO
CURVA   PRISMA
ELLISSE   RETTANGOLO
SFERA

58 - Flores

```
M T U L I P A N O T T N A C
E A E D I H C R O R B A I A
U I R D A Z I P P I W R N L
P N R G X E Y S E F E C E E
G O D D H T O G T O P I D N
M E B A Z E O K A G A S R D
A P A N M C R A L L S O A U
G F W W O M E I O I S N G L
N O Q C H C V E T O I G I A
O A D N A V A L P A F M G L
L R A M I S P O F B L A L I
I W E L O S A R I G O Z I L
A J R O S A P W W H R Z O L
A P L I B I S C O U A O A A
```

PAPAVERO
CALENDULA
GARDENIA
GIRASOLE
IBISCO
LAVANDA
LILLA
GIGLIO
MAGNOLIA
MARGHERITA

NARCISO
ORCHIDEA
PASSIFLORA
PEONIA
PETALO
MAZZO
ROSA
TRIFOGLIO
TULIPANO

59 - Astronomía

```
S D N L F A P I A N E T A I
Y Z M Y P M S C L D W G R A
G O F H K A W T Z Z A R R P
K I A Z M T G A R Q C A E Z
C P U K W U K X Y O E C T W
S O G A L A S S I A N U L O
A C S Q M N M Q S V O O X I
T S F M O O E L S O I Z M Z
E E T G O R T B I N Z Z S O
L L Q W L T E B L R A A J N
L E U U E S O C C E I R R I
I T T X I A R C E P D Z R U
T Q K R C Z A K F U A Q T Q
E U N I V E R S O S R O Z E
```

ASTRONAUTA	METEORA
ASTRONOMO	PIANETA
CIELO	RADIAZIONE
RAZZO	SATELLITE
COSMO	SUPERNOVA
ECLISSI	TELESCOPIO
EQUINOZIO	TERRA
GALASSIA	UNIVERSO
LUNA	

60 - Tiempo

```
S  N  R  U  O  R  O  L  O  G  I  O  M  P
E  A  M  I  R  P  Q  K  I  N  G  J  I  A
C  N  O  Y  B  M  P  X  R  R  G  P  N  S
O  A  N  N  O  A  Z  Y  A  C  O  U  U  S
L  M  O  R  U  T  U  F  D  F  I  Z  T  A
O  I  R  E  I  R  O  R  N  Q  P  Z  O  T
K  T  A  T  L  X  J  H  E  B  U  F  D  O
D  T  G  T  E  A  P  A  L  K  A  X  E  L
A  E  Z  O  C  A  U  K  A  T  T  G  C  W
I  S  G  N  Y  G  H  N  C  N  Z  M  E  Z
M  O  M  E  N  T  O  K  N  I  Y  E  N  Z
H  C  J  G  I  O  R  N  O  A  L  S  N  Z
M  E  Z  Z  O  G  I  O  R  N  O  E  I  M
H  Y  M  A  T  T  I  N  A  U  Q  I  O  H
```

PRIMA	MATTINA
ANNUALE	MEZZOGIORNO
ANNO	MESE
IERI	MINUTO
CALENDARIO	MOMENTO
DECENNIO	NOTTE
GIORNO	PASSATO
FUTURO	OROLOGIO
ORA	SETTIMANA
OGGI	SECOLO

61 - Paisajes

```
G H I A C C I A I O P S T V
I S O L A Q S W F F A P U U
G R O T T A A H I K L I N L
L A G U N A O P U Q U A D C
I C E B E R G R M P D G R A
Y G K J B O A Q E E E G A N
C A E R X G G O W N F I T O
A N Y Y Z X B I Z I G A A Z
S G C T S O T R E S E D C W
V A L L E E T A W O J R S P
G T R Z W Z R U E L M P A X
R N G W E D P T J A U M C M
W O Y C W Z L S T L A G O R
P M D J O Q Q E N C S Q F W
```

CASCATA	MARE
GROTTA	MONTAGNA
DESERTO	OASI
ESTUARIO	PALUDE
GEYSER	PENISOLA
GHIACCIAIO	SPIAGGIA
ICEBERG	FIUME
ISOLA	TUNDRA
LAGO	VALLE
LAGUNA	VULCANO

62 - Días y Meses

```
S  W  E  F  G  Y  D  H  D  T  A  A  O  G
E  Y  Ì  D  E  L  O  C  R  E  M  P  T  I
T  A  A  Y  N  D  M  A  P  L  F  R  T  O
T  M  G  A  N  L  O  A  N  W  H  I  O  V
E  F  O  N  A  U  I  M  R  N  T  L  B  E
M  M  S  A  I  N  L  C  E  T  O  E  R  D
B  E  T  M  O  E  G  M  B  N  E  R  E  Ì
R  S  O  I  Q  D  U  S  C  X  I  D  K  F
E  E  R  T  P  Ì  L  G  F  Y  J  C  Ì  Z
J  G  O  T  A  B  A  S  B  S  J  K  A  W
C  A  L  E  N  D  A  R  I  O  K  S  P  C
D  R  J  S  U  S  N  O  V  E  M  B  R  E
A  E  K  Z  V  E  N  E  R  D  Ì  N  W  Q
Z  G  I  U  G  N  O  I  A  R  B  B  E  F
```

APRILE	LUNEDÌ
AGOSTO	MARTEDÌ
ANNO	MESE
CALENDARIO	MERCOLEDÌ
DOMENICA	NOVEMBRE
GENNAIO	OTTOBRE
FEBBRAIO	SABATO
GIOVEDÌ	SETTIMANA
LUGLIO	SETTEMBRE
GIUGNO	VENERDÌ

63 - Jardinería

```
F  Z  Y  R  B  F  T  E  N  G  N  H  T  C
O  X  U  S  O  K  L  U  C  L  I  M  A  O
G  S  W  P  T  E  J  O  B  H  D  R  T  N
L  U  X  E  A  S  B  Z  R  O  B  A  G  T
I  O  U  C  N  O  U  Z  C  E  N  U  D  E
A  L  L  I  I  T  H  A  L  M  A  S  O  N
P  O  F  E  C  I  N  M  B  A  U  L  T  I
C  B  U  G  O  C  R  Q  Q  I  Q  E  E  T
Z  O  I  J  N  O  S  M  H  L  C  I  T  O
E  C  M  B  K  R  L  H  B  G  A  H  T  R
E  R  E  P  X  E  R  I  R  O  I  F  U  E
F  O  S  T  O  S  P  P  P  F  B  Q  R  M
K  P  U  R  D  S  O  K  I  T  M  Q  F  B
X  S  L  Q  O  À  T  I  D  I  M  U  O  B
```

ACQUA	FOGLIAME
BOTANICO	FOGLIA
CLIMA	FRUTTETO
COMPOST	UMIDITÀ
CONTENITORE	TUBO
SPECIE	MAZZO
ESOTICO	SEMI
FIORIRE	SPORCO
FLOREALE	SUOLO

64 - Chocolate

```
Z Q U A L I T À L K O E Y M
X F A M A R O T O A C A C A
Z U C C H E R O Z R I L A N
P T M Q U H G S C O T S L G
W D O L C E W U A M O C O I
R I C E T T A P S A S A R A
E S R O F L R X R T E R I R
A R A C H I D I T T O A E E
P R E F E R I T O T G M H R
C M H K O S O I Z I L E D E
A R T I G I A N A L E L W V
N O C E D I C O C C O L C L
I N G R E D I E N T E O I O
A N T I O S S I D A N T E P
```

AMARO	NOCE DI COCCO
ANTIOSSIDANTE	MANGIARE
AROMA	DELIZIOSO
ARTIGIANALE	DOLCE
ZUCCHERO	ESOTICO
ARACHIDI	PREFERITO
CACAO	GUSTO
QUALITÀ	INGREDIENTE
CALORIE	POLVERE
CARAMELLO	RICETTA

65 - Barbacoas

```
J G M P C E C B Q Z L B G J
B I U P O R E L L O P I C N
I O S D L R N R P L H R Q U
E C I F T P A O E L U O Z H
B H C R E I R B P O M B J F
P I A U L T D A E P D Z M K
O V I T L L A O N I U N G B
M E L T I P I T G Z S J E Q
O R G A S E L A S W O W A Q
D D I Y A I G S W E F A M E
O U M X L W I N I B M A B P
R R A Q S S R C A L D O Z J
I E F U A S G A Y M F Y S D
H Y O S E I N S A L A T E G
```

PRANZO
CALDO
CIPOLLE
CENA
COLTELLI
INSALATE
FAMIGLIA
FRUTTA
FAME
GIOCHI

MUSICA
BAMBINI
GRIGLIA
PEPE
POLLO
SALE
SALSA
POMODORI
ESTATE
VERDURE

66 - Ropa

```
B R A C C I A L E T T O T P
H C C D I J S W Q O T R F A
L A C B O Q C I X Z K Y B N
Q M A N A M I T N A U G W T
C I I G B U A R U T N I C A
A C G O I G R N T Z U S H L
P E S N T R P F C A L G H O
P T C N O E A D Z D G L E N
O T A A W M P I G I A M A I
T A R Q Y B C A M I C I A C
T G P C H I C O L L A N A R
O G A A O U S A N D A L I U
Q E I Q O L L E P P A C J H
Z G O L L E I O I G F N S H
```

CAPPOTTO	GIOIELLO
CAMICETTA	MODA
SCIARPA	PANTALONI
CAMICIA	PIGIAMA
GIACCA	BRACCIALETTO
CINTURA	SANDALI
COLLANA	CAPPELLO
GREMBIULE	ABITO
GONNA	SCARPA
GUANTI	

67 - Meditación

```
M  B  O  I  Z  N  E  L  I  S  A  E  H  N
Q  U  I  E  U  T  N  A  Q  K  C  N  K  A
L  R  S  N  O  O  O  V  R  M  C  O  P  T
W  O  W  I  C  K  I  I  P  U  E  I  A  U
H  T  F  D  C  L  Z  T  E  Q  T  S  C  R
J  N  P  U  C  A  N  T  N  E  T  S  E  A
M  E  N  T  A  L  E  E  S  X  A  A  O  X
B  M  O  I  M  Y  T  P  I  J  Z  P  K  P
T  I  Z  T  L  M  T  S  E  P  I  M  N  D
M  V  J  A  A  Y  A  O  R  T  O  O  O  L
O  O  Q  R  C  S  S  R  I  A  N  C  J  F
T  M  O  G  I  R  K  P  Y  J  E  E  Q  R
O  S  S  E  R  V  A  Z  I  O  N  E  M  M
R  E  S  P  I  R  A  Z  I  O  N  E  T  I
```

ACCETTAZIONE	NATURA
ATTENZIONE	OSSERVAZIONE
CALMA	PACE
COMPASSIONE	PENSIERI
GRATITUDINE	PROSPETTIVA
MENTALE	POSTURA
MENTE	RESPIRAZIONE
MOVIMENTO	SILENZIO
MUSICA	

68 - Café

```
A Z Z A T P N J L S Y B W T
M C W A Z K E N I G I R O R
E G Q G T Z R P R E Z Z O Y
R Q Z U U G O D I U Q I L P
C E O E A S C A F F E I N A
M S R C W O T I T S O R R A
A L A T T E A O V Q D S B N
C F A Z X Q M R A J I T E I
I M I D D A A E R X C U V T
N B W L R M R H I A A Y A T
A B H O T O O C E I U L N A
R Z Z B W R O C T P W Z D M
E S W C R A O U À A W W A N
H W O O R H U Z Z G W P J U
```

ACQUA
AMARO
AROMA
ARROSTITO
ZUCCHERO
ACIDO
BEVANDA
CAFFEINA
CREMA
FILTRO

LATTE
LIQUIDO
MATTINA
MACINARE
NERO
ORIGINE
PREZZO
GUSTO
TAZZA
VARIETÀ

69 - Libros

```
U M O R I S T I C O P S R Z
C O L L E Z I O N E A T I Z
E O T S E T N O C F G O L X
T R A G I C O V P K I R E H
E I R E S R I I S J N I V P
R O M A N Z O T F E A A A O
O T C A V V E N T U R A N E
T T O I R A R E T T E L T S
A I O D R Y O V Q S J U E I
R R Z R P O T N K A X G R A
R C S Y G À T I L A U D O S
A S G E Q F E S Y R K U T Q
N A S X C S L G M X R M U G
D T I M M E R S I O N E A F
```

AUTORE
AVVENTURA
COLLEZIONE
CONTESTO
DUALITÀ
SCRITTO
STORIA
STORICO
UMORISTICO
IMMERSIONE

INVENTIVO
LETTORE
LETTERARIO
NARRATORE
ROMANZO
PAGINA
RILEVANTE
POESIA
SERIE
TRAGICO

70 - Los Medios de Comunicación

```
O N L I N E L A C O L P C G
B R O M B N T J F O T O O I
O M G A U J I S J J F I M O
D I G I T A L E I W I D M R
F O B R L B Z T K V D A E N
Z C T T C F G A X Q I R R A
M I J S Z G L D X O X R C L
E L A U T T E L L E T N I I
I B L D F Z R I H Q E N A K
B B B N W A X E R P Q H L M
N U W I U K T C Z A E U E U
E P X I X N H T G M R L P Z
X E N O I Z A C I N U M O C
E D U C A Z I O N E R E T E
```

COMMERCIALE
COMUNICAZIONE
DIGITALE
EDUCAZIONE
ONLINE
FOTO
FATTI
INDUSTRIA

INTELLETTUALE
LOCALE
GIORNALI
PUBBLICO
RADIO
RETE
RIVISTE

71 - Nutrición

```
E E E W S S C A X D B Q C A
C N M W A C E P T I I U Q V
Z O C T L D R P I G L A T I
W I M S S E E E A E A L O T
G Z H M A D A T M S N I S A
C A T B E J L I A T C T S M
A T Y G S S I T R I I À I I
L N E U N A T O O O A C N N
O E Z S J F L I R N T P A A
R M A T E I D U B E O N A S
I R B O S E P H T I Q D D R
E E R H T X J S S E L D U J
F F P R O T E I N E H E M F
H B Y X M N U T R I E N T E
```

AMARO

APPETITO

QUALITÀ

CALORIE

CEREALI

COMMESTIBILE

DIETA

DIGESTIONE

BILANCIATO

FERMENTAZIONE

NUTRIENTE

PESO

PROTEINE

GUSTO

SALSA

SALUTE

SANO

TOSSINA

VITAMINA

72 - Edificios

```
S U P E R M E R C A T O B O
L E B G A R A G E S J M E S
L A B O R A T O R I O I B P
Z O I R O T A V R E S S O E
E I F Z L L N A K Q T T L D
C I N E M A L U D D O E L A
S C U O L A O E P Y R A E L
A M B A S C I A T A R T T E
R T B T F P D S H S E R S L
A C I R B B A F I O A O O I
G B A I R O T T A F T C K N
G N W C Q D S B L F X E S E
A P P A R T A M E N T O L I
P M U S E O H A Z M X O Z F
```

OSTELLO   FATTORIA
APPARTAMENTO   OSPEDALE
CASTELLO   HOTEL
CINEMA   LABORATORIO
AMBASCIATA   MUSEO
SCUOLA   OSSERVATORIO
STADIO   SUPERMERCATO
FABBRICA   TEATRO
GARAGE   TORRE
FIENILE

73 - Océano

```
G K R B N A P A A F N G X R
A C I R T S O O L L A R O C
M A H D P U Z Z G I N A D Z
B T Z G O D I L H B G N E Z
E S L Y L E C S E P U C L L
R E C A P M N U B R P H F F
E P G O O N N O T A S I I R
T M K U G S O O U F R O N C
T E N P O L A U Q S P C O Y
O T U A B T I L L J D W A P
B A L E N A H E E M A R E E
A N G U I L L A R T K G Y K
T A R T A R U G A A W P H I
T T I P B X C B K J M J E Z
```

ALGHE

ANGUILLA

SCOGLIERA

TONNO

BALENA

BARCA

GAMBERETTO

GRANCHIO

CORALLO

DELFINO

SPUGNA

MAREE

MEDUSA

OSTRICA

PESCE

POLPO

SALE

SQUALO

TEMPESTA

TARTARUGA

74 - Ciudad

```
F N L M L X H Q J M C C S P
A W E O E I B D A U I L U A
R N Q G T N B R I S N I P N
M A D C O W E R R E E N E E
A T Y U H Z F R E O M I R T
C S R Y J C I J L R A C M T
I I T K S I T O L F I A E E
A R Z A M E R C A T O A R R
O O O C D B G W G L W N C I
F I O N X I S C U O L A A A
T F W A P Y O R T A E T T Q
Z S D B B S K I C U I F O W
A E R O P O R T O Q F A M F
B I B L I O T E C A H Z U H
```

AEROPORTO	HOTEL
BANCA	LIBRERIA
BIBLIOTECA	MERCATO
CINEMA	MUSEO
CLINICA	PANETTERIA
SCUOLA	SUPERMERCATO
STADIO	TEATRO
FARMACIA	NEGOZIO
FIORISTA	ZOO
GALLERIA	

75 - Deporte

```
D  S  G  P  J  A  M  M  A  R  G  O  R  P
R  E  N  O  I  Z  I  R  T  U  N  C  C  M
A  Z  N  E  T  S  I  S  E  R  U  H  I  U
S  T  O  B  I  E  T  T  I  V  O  N  C  S
S  L  L  G  Z  J  W  J  D  L  I  C  L  C
O  T  L  E  E  G  G  T  S  J  N  O  I  O
W  Y  R  À  T  I  C  A  P  A  C  R  S  L
N  C  Y  E  B  A  Z  R  O  F  Q  P  M  I
U  E  R  O  T  A  N  E  L  L  A  O  O  U
O  X  R  N  O  C  I  L  O  B  A  T  E  M
T  D  A  N  Z  A  H  S  A  L  U  T  E  L
A  B  Z  M  P  O  V  I  T  R  O  P  S  O
R  F  O  J  Q  D  U  Y  N  H  Z  Z  Q  Y
E  O  E  D  J  Z  G  R  E  G  D  J  U  Z
```

ATLETA	OSSA
DANZA	OBIETTIVO
CAPACITÀ	METABOLICO
CICLISMO	MUSCOLI
CORPO	NUOTARE
SPORTIVO	NUTRIZIONE
DIETA	PROGRAMMA
ALLENATORE	RESISTENZA
STRETCHING	SALUTE
FORZA	

76 - Actividades y Ocio

```
C A M P E G G I O A C H L S
E S C U R S I O N I A W F H
P A L L A V O L O P L W C O
E T N A S S A L I R C P E P
I W Y B R A O P T Y I R S P
N M R H O T W Y B B O H U I
U G M T Y X E K T J A A R N
O T P E A K E Z U R S W F G
T E E K R P I T T U R A J D
O N S S G S Q P Y N Q Y W D
E N C A O Q I L N D L P E O
D I A B L B B O I G G A I V
H S Y T F M W C N R B G Z L
R D Z Q M L L A B E S A B L
```

HOBBY
ARTE
BASKET
BASEBALL
BOXE
IMMERSIONE
CAMPEGGIO
SHOPPING
CALCIO
GOLF

NUOTO
PESCA
PITTURA
RILASSANTE
ESCURSIONI
SURF
TENNIS
VIAGGIO
PALLAVOLO

77 - Ingeniería

```
S T A B I L I T À L A S M E
M P R O F Z A G A I Z T I N
P O U E Q R O J O Q A R S E
R T T N D N Z T U U N U U R
O I R O T I O W Z I I T R G
F R F I R Q A C H D H T A I
O T O Z D E K G O O C U Z A
N T R U L A A T R A C R I S
D A Z R E E Q G T A A A O A
I M A T S X V B E H M C N N
T Q A S Z I I E M R Y M E G
À M S O L O C L A C Z R A O
Z A S C Q X R X I K O R F L
M L E S E I D L D U Y R B O
```

ANGOLO	STRUTTURA
CALCOLO	ATTRITO
COSTRUZIONE	FORZA
DIAGRAMMA	LIQUIDO
DIAMETRO	MACCHINA
DIESEL	MISURAZIONE
ASSE	MOTORE
ENERGIA	LEVE
STABILITÀ	PROFONDITÀ

78 - Comida #1

```
M O A G L I O Z C R M G Z B
O Z R O C I L I S A B Y X T
C M E N T A Q I I P G S A G
M I P Q E J L N O A Z H L T
D C P M D C P S Y L X R O G
S A T O R A C A T L N R G X
A F K C L A L L T E N R A C
L S W O A L O A O N S L R O
E T T A L N A T N N U U F R
L I M O N E O A N A C K K Y
M I N E S T R A O C C I H M
O M S P I N A C I F O U M I
B A D X F I Z U C C H E R O
L X G G A A I P I K I F F P
```

AGLIO	FRAGOLA
BASILICO	SUCCO
TONNO	LATTE
ZUCCHERO	LIMONE
CANNELLA	MENTA
CARNE	RAPA
ORZO	PERA
CIPOLLA	SALE
INSALATA	MINESTRA
SPINACI	CAROTA

79 - Antigüedades

```
R  À  D  E  C  O  R  A  T  I  V  O  M  M
O  T  N  E  M  I  T  S  E  V  N  I  A  O
R  I  R  T  D  N  P  Z  Y  G  Y  Q  U  B
U  L  H  E  E  S  E  R  U  P  W  S  T  I
A  A  O  N  C  O  L  V  E  P  P  T  E  L
T  U  L  O  E  L  E  E  A  Z  G  B  N  I
S  Q  L  M  N  I  G  C  A  S  Z  Q  T  O
E  Y  E  B  N  T  A  C  I  Q  T  O  I  S
R  R  I  C  I  O  N  H  R  H  Q  A  C  K
B  À  O  P  N  I  T  I  E  T  P  K  O  X
S  T  I  L  E  Z  E  O  L  T  I  R  O  X
K  I  G  S  A  R  U  T  L  U  C  S  Y  I
K  S  S  W  L  V  G  Y  A  R  T  E  R  L
S  E  C  O  L  O  H  E  G  Y  Q  L  M  F
```

ARTE	INVESTIMENTO
AUTENTICO	GIOIELLO
QUALITÀ	MONETE
DECORATIVO	MOBILIO
DECENNI	PREZZO
ELEGANTE	RESTAURO
SCULTURA	SECOLO
STILE	ASTA
GALLERIA	VALORE
INSOLITO	VECCHIO

80 - Literatura

```
P  B  A  K  A  I  F  A  R  G  O  I  B  Z
M  O  D  N  O  N  O  O  S  T  I  L  E  C
E  D  E  S  E  T  A  T  E  M  A  H  J  O
T  U  N  S  Z  D  N  L  O  H  G  B  L  N
A  M  I  R  I  W  D  Q  O  N  I  R  D  C
F  Z  W  S  K  A  Q  O  M  G  S  Q  I  L
O  P  O  E  T  I  C  O  T  T  I  Y  A  U
R  X  Z  D  W  E  C  Q  I  O  L  A  L  S
A  X  N  C  K  Q  S  Y  R  I  A  L  O  I
O  M  A  T  Y  R  K  G  J  F  N  X  G  O
T  M  M  K  R  B  B  U  C  D  A  F  O  N
E  N  O  I  Z  I  R  C  S  E  D  F  X  E
Z  E  R  O  T  A  R  R  A  N  M  M  J  N
F  I  N  Z  I  O  N  E  R  O  T  U  A  H
```

ANALOGIA	FINZIONE
ANALISI	METAFORA
ANEDDOTO	NARRATORE
AUTORE	ROMANZO
BIOGRAFIA	POESIA
CONCLUSIONE	POETICO
DESCRIZIONE	RIMA
DIALOGO	RITMO
STILE	TEMA

81 - Química

```
M E T A L L I A R C O A D M
Q K C C M L E Q Z A S L A O
B B O C R I J T F T S C P L
C A L O R E Z Z A A I A C E
L I Q U I D O N D L G L L C
R E A Z I O N E E I E I O O
Z K L I O N E M C Z N N R L
N C I I N G R C A Z O O O A
C H T P E L A S R A I S P M
S A O D G A E S B T P K Z N
P E S O O C L O O O S P H U
Y D O A R I C L N R A U Q T
C K N X D D U H I E I E Y G
I K S U I O N L O J W G W W
```

ALCALINO
ACIDO
CALORE
CARBONIO
CATALIZZATORE
CLORO
ENZIMA
GAS
IDROGENO

IONE
LIQUIDO
METALLI
MOLECOLA
NUCLEARE
OSSIGENO
PESO
REAZIONE
SALE

82 - Gobierno

```
L E G G E N C P S O H E Z C
U I B F P A S O C T C Z N I
M P N L O Z X L J N A P E V
M I F Q X I Z I L E I T N I
R N C H I O P T P M Z G O L
N M H U C N M I E U I H I E
J A P O K A Z C P N T G Z S
F J Z K G L Q A N O S C U I
B B E I P E O X M M U A T M
Z O S R O C S I D N I M I B
Q Q E K U N A J Z W G S T O
A Z N E D N E P I D N I S L
L I B E R T À N O S S A O O
Q U A R T I E R E W E T C H
```

CIVILE
COSTITUZIONE
DISCORSO
QUARTIERE
STATO
INDIPENDENZA
GIUSTIZIA
LEGGE

LIBERTÀ
CAPO
MONUMENTO
NAZIONALE
NAZIONE
POLITICA
SIMBOLO

83 - Creatividad

```
I  E  N  O  I  Z  A  R  I  P  S  I  I  V
M  D  E  M  O  Z  I  O  N  I  E  E  N  I
X  X  E  S  L  Q  Q  Y  E  U  N  N  T  S
H  F  O  E  N  A  T  N  O  P  S  O  E  I
A  C  H  I  A  R  E  Z  Z  A  A  I  N  O
F  R  S  E  O  F  B  O  L  G  Z  Z  S  N
L  G  T  N  D  D  O  P  J  P  I  A  I  I
U  O  V  I  T  N  E  V  N  I  O  N  T  H
I  Y  O  G  S  H  B  Z  F  T  N  I  À  A
D  N  C  A  A  T  Q  N  C  A  E  G  Q  S
I  R  X  M  O  C  I  T  A  M  M  A  R  D
T  U  Y  M  L  M  L  C  S  B  C  M  A  H
À  À  T  I  L  I  B  A  O  D  H  M  X  E
A  U  T  E  N  T  I  C  I  T  À  I  G  A
```

ARTISTICO
AUTENTICITÀ
CHIAREZZA
DRAMMATICO
EMOZIONI
SPONTANEO
FLUIDITÀ
ABILITÀ

IDEE
IMMAGINE
IMMAGINAZIONE
ISPIRAZIONE
INTENSITÀ
INVENTIVO
SENSAZIONE
VISIONI

84 - Filantropía

```
P  Z  U  U  R  Z  U  E  G  P  M  P  R  Q
C  R  R  R  S  Y  I  N  I  B  M  A  B  H
B  O  O  N  N  L  D  O  O  M  T  Z  Q  W
B  F  M  G  U  C  N  S  V  C  O  N  S  P
G  I  S  U  R  J  O  R  E  O  A  A  O  G
R  V  S  E  N  A  F  E  N  N  S  N  H  E
U  I  Z  O  T  I  M  P  T  T  T  I  Y  N
P  T  N  Q  G  G  T  M  Ù  A  O  F  C  E
P  T  D  Q  K  N  O  À  I  T  R  N  A  R
I  E  O  K  L  D  O  G  I  T  I  C  R  O
E  I  N  O  N  E  S  T  À  I  A  U  I  S
T  B  A  U  M  A  N  I  T  À  L  B  T  I
U  O  R  M  I  S  S  I  O  N  E  S  À  T
K  Z  E  L  A  B  O  L  G  Y  S  A  F  À
```

CARITÀ	STORIA
COMUNITÀ	ONESTÀ
CONTATTI	UMANITÀ
DONARE	GIOVENTÙ
FINANZA	OBIETTIVI
FONDI	MISSIONE
GENEROSITÀ	BISOGNO
PERSONE	BAMBINI
GLOBALE	PROGRAMMI
GRUPPI	

85 - Comida #2

```
M O G C A R C I O F O U T M
A Z E I C O N A R G A N F R
N F F P R T C I L I E G I A
D B X P I A L E M I F Q T Y
O L L O P L S R I S O O Y M
R C M Y Y O R O D O M O P L
L A U C O C Z N L M B S Q K
A S E I G C E A U E A T B I
V P P D U O N D X N N E K W
U O V O R I Z E L A A P W I
Z M W M T C E S G P N B J E
O I G G A M R O F O A I W C
Q F J H H H O K G Q W N B P
K U K T Y M E L A N Z A N A
```

CARCIOFO   KIWI
MANDORLA   MELA
SEDANO   PANE
RISO   BANANA
MELANZANA   POLLO
CILIEGIA   FORMAGGIO
CIOCCOLATO   POMODORO
GIRASOLE   GRANO
UOVO   UVA
ZENZERO   YOGURT

86 - Arte

```
O R I G I N A L E B C I D E
S U R R E A L I S M O I I S
C B B E C R R N W Y T E P P
R D F N I L O Q T I A L I R
E O C O L O B M I S R A N E
A F E Y P G T X U A I N T S
R B N S M Z D T P A P O I S
E O S S E L P M O C S S O I
R K O C S D A U X X I R Z O
C O M P O S I Z I O N E R N
F P O E S I A P A T C P P E
S C U L T U R A R U G I F I
I Z P K T R I T R A R R E Y
O N E S T O C E R A M I C A
```

CERAMICA   ISPIRATO
COMPLESSO   ORIGINALE
COMPOSIZIONE   PERSONALE
CREARE   DIPINTI
SCULTURA   POESIA
ESPRESSIONE   RITRARRE
FIGURA   SEMPLICE
ONESTO   SIMBOLO
UMORE   SURREALISMO

87 - Diplomacia

```
Y  H  J  I  C  U  C  O  L  A  S  Z  G  I
Y  T  G  E  N  O  I  Z  U  L  O  S  I  K
Z  O  C  I  T  A  M  O  L  P  I  D  U  C
J  J  R  Q  Z  S  T  U  F  K  A  Y  S  Z
O  K  L  N  N  H  K  G  N  E  C  E  T  L
P  O  L  I  T  I  C  A  O  I  I  E  I  I
S  T  R  A  N  I  E  R  O  V  T  J  Z  N
A  M  B  A  S  C  I  A  T  A  E  À  I  G
C  O  N  S  I  G  L  I  E  R  E  R  A  U
A  M  B  A  S  C  I  A  T  O  R  E  N  E
S  I  C  U  R  E  Z  Z  A  S  B  G  U  O
D  I  S  C  U  S  S  I  O  N  E  C  B  Z
C  O  O  P  E  R  A  Z  I  O  N  E  H  A
C  O  N  F  L  I  T  T  O  L  L  N  S  Z
```

CONSIGLIERE	STRANIERO
COMUNITÀ	ETICA
CONFLITTO	GOVERNO
COOPERAZIONE	LINGUE
DIPLOMATICO	GIUSTIZIA
DISCUSSIONE	POLITICA
AMBASCIATA	SICUREZZA
AMBASCIATORE	SOLUZIONE

88 - Herboristería

```
M D P M L Z R P X N Q K F K
A C G H A A F D I F G D I I
I A U L V F B J F A S L O N
X N S G A F A G R A N À R G
P A T U N E S I O R C T E R
C R O Y D R I A S O U I A E
D O E Q A A L R M M L L A D
A I J Z N N I D A A I A N I
T G P Z Z O C I R T N U E E
K G L U C E O N I I A Q T N
U A K I J P M O N C R K O T
U M L Y O Z R O O O I Q H E
M E N T A S W R L E O N Q B
O I P E O I H C C O N I F A
```

AGLIO
BASILICO
AROMATICO
ZAFFERANO
QUALITÀ
CULINARIO
ANETO
FIORE
FINOCCHIO

INGREDIENTE
GIARDINO
LAVANDA
MAGGIORANA
MENTA
PREZZEMOLO
PIANTA
ROSMARINO
GUSTO

89 - Energía

```
N I N Q U I N A M E N T O I
C U R I N N O V A B I L E D
A E C C H U C V R Q L K R R
R L I L F F N A A Z D N O O
B E N B E L O S R P R P T G
U T D A N A W X Y B O E O E
R T U T O I R D T Z O R M N
A R S T R P F E U Z T N E O
N I T E T O O W R G N P I D
T C R R T R T C B W E B P O
E O I I E T O C I W V A O R
A S A A L N N A N I Z N E B
O H I S E E E H A J E U O I
D I E S E L C A L O R E O J
```

BATTERIA
CALORE
CARBONIO
CARBURANTE
INQUINAMENTO
DIESEL
ELETTRONE
ELETTRICO
ENTROPIA
FOTONE

BENZINA
IDROGENO
INDUSTRIA
MOTORE
NUCLEARE
RINNOVABILE
SOLE
TURBINA
VAPORE
VENTO

90 - Insectos

```
F Y M J Q E C L U P Z O G C
F A F P S N R O D Y A R P A
N A L T M O U C D U E E E V
M K R E D R O U W Y D T O A
T V T F N B A S W A I T I L
Z E E M A A L T E P T O G L
A S R X C L U A D E N E G E
N P M Y I A L C I C A L A T
Z A I Z M C L A F R M O F T
A A T S R G E A A L R C A A
R T E O O J B U R Z K I R H
A X R E F H I K W V J P A J
V E R M E R L M S D A N C B
C O C C I N E L L A E N S D
```

APE
VESPA
CALABRONE
AFIDE
CICALA
SCARAFAGGIO
COLEOTTERO
VERME
FORMICA
LOCUSTA

LARVA
LIBELLULA
MANTIDE
FARFALLA
COCCINELLA
ZANZARA
FALENA
PULCE
CAVALLETTA
TERMITE

91 - Especias

```
Y F E G C R C L H G R Q A P
P A P R I K A I S W U K Y C
C A N N E L L A P M U S H P
A V A N I G L I A O E F T K
E C I N A D O L C E L H A O
P O I H C C O N I F A L Q I
E K G D J M C W A O S W A L
P B F M O R E Z N E Z R D G
L I Q U I R I Z I A D U M A
X C O U G X A P G Q Q Y A L
C U M I N O M O M A D R A C
I Q U G M S A C Q M F R T P
P W T I W K R I I S H U W L
U G Z L L Y O M A W X C Y F
```

ACIDO	DOLCE
AGLIO	FINOCCHIO
AMARO	ZENZERO
ANICE	PAPRIKA
CANNELLA	PEPE
CARDAMOMO	LIQUIRIZIA
CIPOLLA	GUSTO
CUMINO	SALE
CURRY	VANIGLIA

92 - Emociones

```
N  F  K  O  T  A  S  S  A  L  I  R  S  I
A  A  P  T  H  I  M  U  K  C  G  Z  I  M
N  G  G  A  Z  B  B  O  N  N  E  S  M  B
P  A  U  R  A  B  E  T  R  C  N  A  P  A
M  M  P  G  Y  A  A  T  B  E  T  C  A  R
T  N  N  A  R  R  T  A  I  O  I  G  T  A
B  E  P  Z  C  X  I  F  L  A  L  I  I  Z
N  O  I  A  B  E  T  S  D  D  E  C  A  Z
C  W  R  M  F  J  U  I  A  L  Z  H  Q  A
U  A  Y  G  O  B  D  D  E  X  Z  I  X  T
W  F  L  P  E  T  I  D  X  G  A  Y  N  O
X  Z  O  M  J  T  N  O  V  E  I  L  I  R
H  X  M  F  A  J  E  S  Q  L  A  Q  K  L
I  R  Q  M  S  O  R  P  R  E  S  A  I  P
```

NOIA	CALMA
GRATO	RABBIA
GIOIA	PAURA
RILIEVO	PACE
AMORE	RILASSATO
IMBARAZZATO	SODDISFATTO
BEATITUDINE	SIMPATIA
GENTILEZZA	SORPRESA

93 - Universo

```
U  L  E  T  N  O  Z  Z  I  R  O  C  E  A
X  A  N  S  F  G  D  B  Q  Q  P  O  M  S
C  T  I  I  O  R  E  R  A  L  O  S  I  T
Z  I  D  M  G  L  O  C  E  I  L  M  S  R
A  T  U  D  O  A  S  Q  S  S  E  I  F  O
C  U  T  O  I  N  L  T  E  K  I  C  E  N
E  D  I  Z  U  A  O  A  I  B  C  O  R  O
L  I  G  X  B  O  I  R  S  Z  Y  R  O  M
E  N  N  E  B  Z  I  J  T  S  I  W  Z  O
S  E  O  N  M  H  L  X  P  S  I  O  L  M
T  B  L  A  E  S  X  R  O  I  A  A  Z  D
E  Z  L  U  N  A  R  E  F  S  O  M  T  A
T  B  O  R  B  I  T  A  P  T  X  M  A
E  S  E  Q  U  A  T  O  R  E  U  M  R  A
```

ASTRONOMIA	ORIZZONTE
ASTRONOMO	LATITUDINE
ATMOSFERA	LONGITUDINE
CELESTE	LUNA
CIELO	BUIO
COSMICO	ORBITA
EQUATORE	SOLARE
GALASSIA	SOLSTIZIO
EMISFERO	

94 - Jazz

```
M C O M P O S I Z I O N E R
U Z Q V E C C H I O H X C I
S O R C H E S T R A X U B T
I N J E L I T S R J G I R M
C U K A N L S F A M O S O O
I O C H A O T R E C N O C B
S V T Y I C Z W N T Q K X A
T O S R H P N N F Q J T A T
I T A L E N T O A A L U A T
I N G E N E R E S C P Q M E
A L B U M P A C I N C E T R
B P R E F E R I T I C G C I
A R T I S T A C I S U M Q A
O C O M P O S I T O R E L A
```

ARTISTA
ALBUM
CANZONE
COMPOSIZIONE
COMPOSITORE
CONCERTO
STILE
ENFASI
FAMOSO
PREFERITI

GENERE
MUSICA
MUSICISTI
NUOVO
ORCHESTRA
RITMO
TALENTO
BATTERIA
TECNICA
VECCHIO

95 - Mediciones

```
L  D  E  C  I  M  A  L  E  U  U  M  V  C
M  A  I  C  N  O  G  J  T  I  Q  A  O  H
C  Z  R  F  Q  J  W  P  L  X  U  S  L  I
X  Z  M  G  B  I  Z  U  A  I  À  S  U  L
R  E  G  E  H  B  Y  T  E  L  T  A  M  O
M  T  G  P  T  E  W  H  W  U  I  R  E  G
K  L  P  J  X  R  Z  H  X  N  D  P  O  R
M  A  K  W  S  Y  O  Z  J  G  N  O  T  A
F  N  R  H  P  E  S  O  A  H  O  L  U  M
G  R  A  M  M  O  Q  D  E  E  F  L  N  M
Z  C  S  S  A  R  B  A  U  Z  O  I  I  O
E  X  I  N  X  I  O  R  M  Z  R  C  M  Q
J  W  I  H  W  L  A  G  F  A  P  E  D  H
W  P  Q  T  O  N  N  E  L  L  A  T  A  Y
```

ALTEZZA	MASSA
LARGHEZZA	METRO
BYTE	MINUTO
DECIMALE	ONCIA
GRADO	PESO
GRAMMO	PROFONDITÀ
CHILOGRAMMO	POLLICE
LITRO	TONNELLATA
LUNGHEZZA	VOLUME

96 - Barcos

```
E  Q  U  I  P  A  G  G  I  O  M  X  F  C
T  H  C  A  Y  L  W  Q  T  R  O  X  M  M
R  S  R  P  B  T  Y  O  C  I  T  U  A  N
A  D  R  O  C  J  E  Q  K  L  O  E  E  W
G  L  J  J  O  M  I  T  T  I  R  A  M  Y
H  Z  A  D  U  W  J  M  U  M  E  F  K  S
E  J  Y  G  N  S  Z  J  Z  E  A  I  Q  M
T  A  S  L  O  O  C  E  A  N  O  U  K  A
T  A  L  E  V  A  A  C  R  A  B  M  B  R
O  R  P  B  C  M  A  R  E  M  O  E  K  I
J  O  N  D  E  A  Z  A  T  T  E  R  A  N
Y  C  L  E  P  R  N  M  X  G  Z  M  Y  A
Y  N  P  S  D  E  O  O  M  A  R  E  A  I
O  A  A  O  D  E  W  S  A  B  B  F  K  O
```

ANCORA	MARINAIO
ZATTERA	MARITTIMO
BOA	ALBERO
CANOA	MOTORE
CORDA	NAUTICO
TRAGHETTO	OCEANO
KAYAK	FIUME
LAGO	EQUIPAGGIO
MARE	BARCA A VELA
MAREA	YACHT

97 - Antártida

```
A C Q U A P G S M T B X F C
R S K F A I T Q I I L O O O
Q J W M W N Q M G W K C I N
G S H S O G I S R B J I C T
X H O E S U L L A D H F C I
A W I E O I A F Z B A I A N
F T Q A I N R X I M B T I E
A J W A C I E L O V U N H N
U T A B C C N Z N C H E G T
E M A L O S I N E P E I M E
K X I Y R U M A K Z D C X L
U C C E L L I Q I J B S N O
M X E S P E D I Z I O N E S
R I C E R C A T O R E C H I
```

ACQUA
BAIA
SCIENTIFICO
CONTINENTE
SPEDIZIONE
GHIACCIAI
GHIACCIO
RICERCATORE

ISOLE
MIGRAZIONE
MINERALI
NUVOLE
UCCELLI
PENISOLA
PINGUINI
ROCCIOSO

98 - Mamíferos

```
N Y D T K K G Z T A A I O R
G A T T O R O T A S C W L F
C O N I G L I O B I A Q L L
C V P Z D S L S A N M B A L
O L O U E C S R L O M M V K
Y A N L L B F O E F E N A C
O I I Z P S R D N Q L H C Q
T M E D S E N A A K L B A L
E M E L E F A N T E O U N A
G I R A F F A R O C E P G L
I C D E L F I N O K M K U Q
K S D C Q L R Z H W X J R G
Q H K L T C W A L L I R O G
P W A A Q B A L D B B S H Q
```

BALENA	GATTO
ASINO	GORILLA
CAVALLO	GIRAFFA
CAMMELLO	LUPO
CANGURO	SCIMMIA
ZEBRA	ORSO
CONIGLIO	PECORA
COYOTE	CANE
DELFINO	TORO
ELEFANTE	VOLPE

99 - Abejas

```
C  T  D  H  O  B  I  C  U  B  K  Q  W  E
R  B  I  U  O  Z  E  N  I  L  L  O  P  C
S  O  V  F  N  U  C  N  B  L  I  A  Y  O
C  D  E  Y  I  Z  S  P  E  I  I  L  G  S
I  S  R  P  D  O  Z  W  I  F  M  O  L  I
A  O  S  M  R  M  R  O  L  A  I  S  T  S
M  L  I  N  A  U  A  I  A  Q  N  C  M  T
E  E  T  M  I  F  E  K  R  R  N  T  O  E
Q  D  À  R  G  C  E  R  A  E  Q  F  E  M
M  I  E  L  E  R  E  G  I  N  A  R  W  A
G  R  A  L  V  E  A  R  E  N  S  U  P  D
T  O  D  H  H  A  B  I  T  A  T  T  R  U
B  I  X  B  Z  C  X  L  K  M  N  T  U  W
Q  F  I  N  S  E  T  T  O  O  B  A  E  B
```

ALI	FRUTTA
BENEFICO	HABITAT
CERA	FUMO
ALVEARE	INSETTO
CIBO	GIARDINO
DIVERSITÀ	MIELE
ECOSISTEMA	PIANTE
SCIAME	POLLINE
FIORIRE	REGINA
FIORI	SOLE

100 - Psicología

```
I  R  E  I  S  N  E  P  B  L  L  M  C  P
H  T  E  S  T  E  R  A  P  I  A  I  O  E
B  B  D  A  O  B  B  E  T  W  Y  N  G  R
G  J  I  O  L  G  X  F  E  Q  B  C  N  C
F  L  I  I  E  T  N  Y  N  E  S  O  I  E
P  J  A  C  N  I  À  I  O  O  K  N  Z  Z
P  E  R  S  O  N  A  L  I  T  À  S  I  I
E  G  O  N  I  O  M  E  Z  T  U  C  O  O
K  W  C  O  Z  I  E  I  A  I  Q  I  N  N
H  T  I  C  A  Z  L  D  T  L  B  O  E  E
U  Z  N  B  S  O  B  R  U  F  E  Q  O  F
M  E  I  U  N  M  O  W  L  N  B  J  R  O
N  G  L  S  E  E  R  O  A  O  D  Y  A  X
A  J  C  Y  S  L  P  S  V  C  E  W  K  O
```

CLINICO	PERCEZIONE
COGNIZIONE	PERSONALITÀ
CONFLITTO	PROBLEMA
EGO	REALTÀ
EMOZIONI	SENSAZIONE
VALUTAZIONE	SUBCONSCIO
IDEE	SOGNI
INCONSCIO	TERAPIA
PENSIERI	

1 - Arqueología

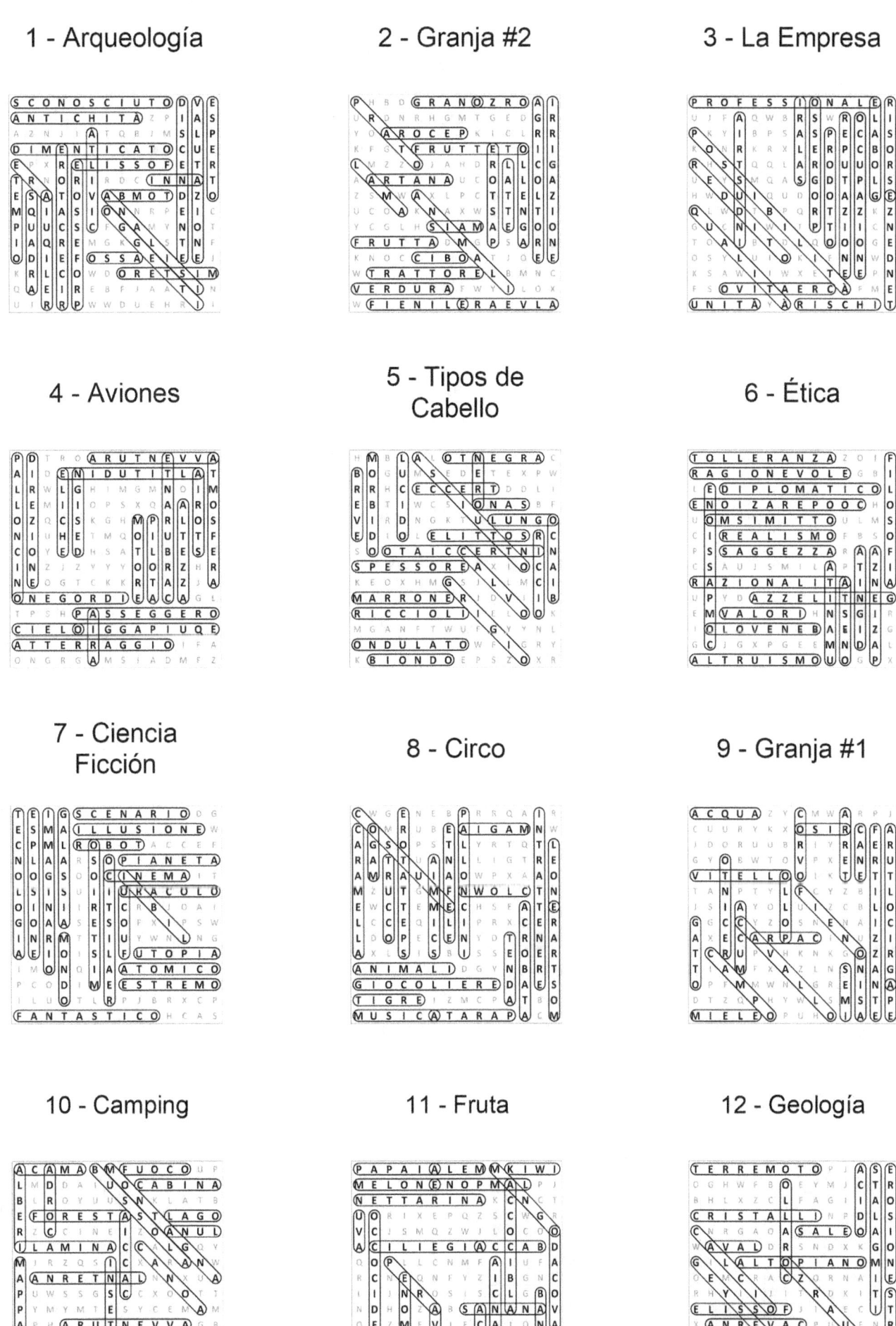

2 - Granja #2

3 - La Empresa

4 - Aviones

5 - Tipos de Cabello

6 - Ética

7 - Ciencia Ficción

8 - Circo

9 - Granja #1

10 - Camping

11 - Fruta

12 - Geología

13 - Álgebra

14 - Plantas

15 - Suministros de Arte

16 - Negocio

17 - Jardín

18 - Países #2

19 - Números

20 - Física

21 - Belleza

22 - Países #1

23 - Mitología

24 - Ecología

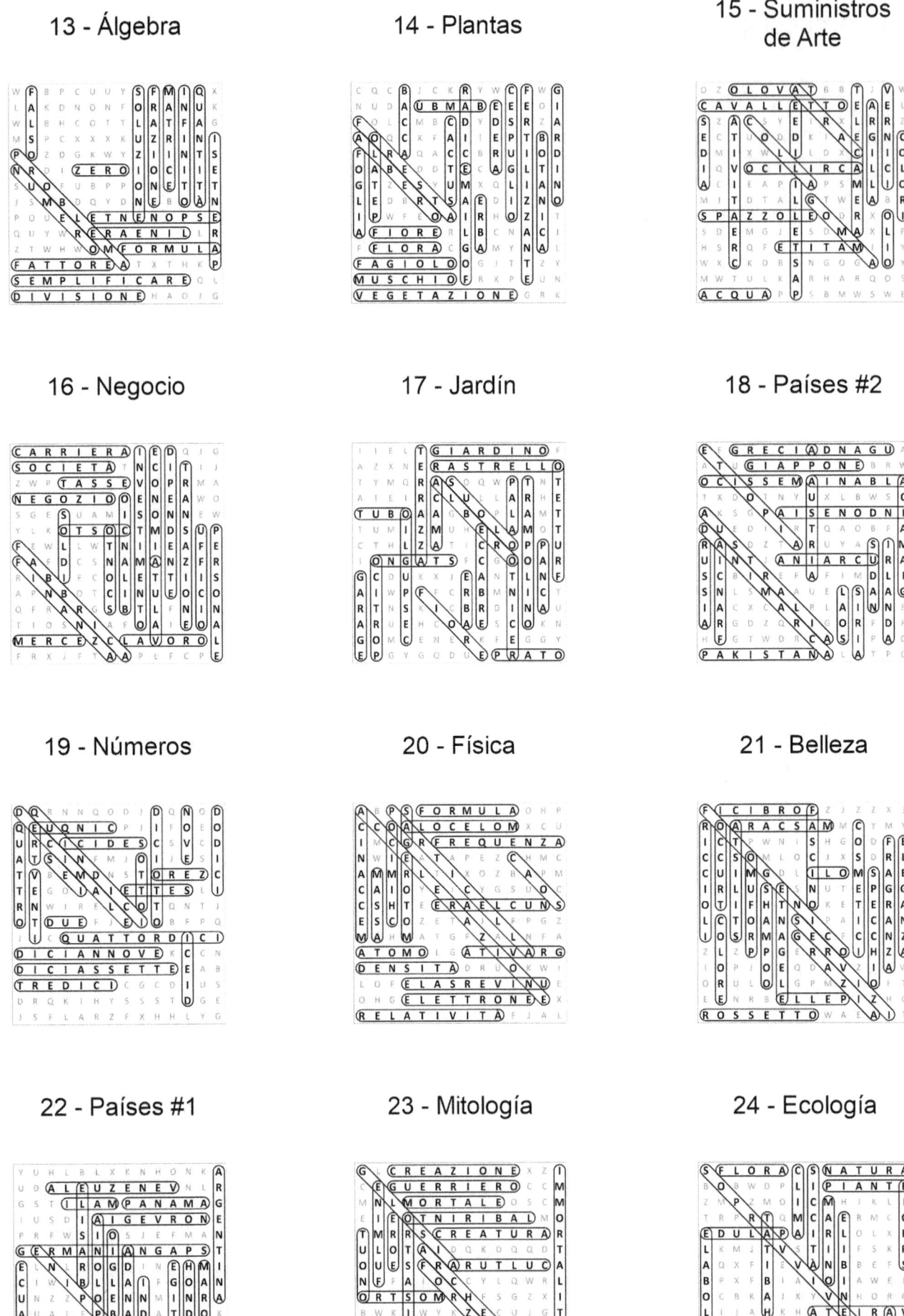

25 - Casa

26 - Salud y Bienestar #2

27 - Selva Tropical

28 - Adjetivos #1

29 - Familia

30 - Disciplinas Científicas

31 - Cocina

32 - Moda

33 - Electricidad

34 - Salud y Bienestar #1

35 - Adjetivos #2

36 - Cuerpo Humano

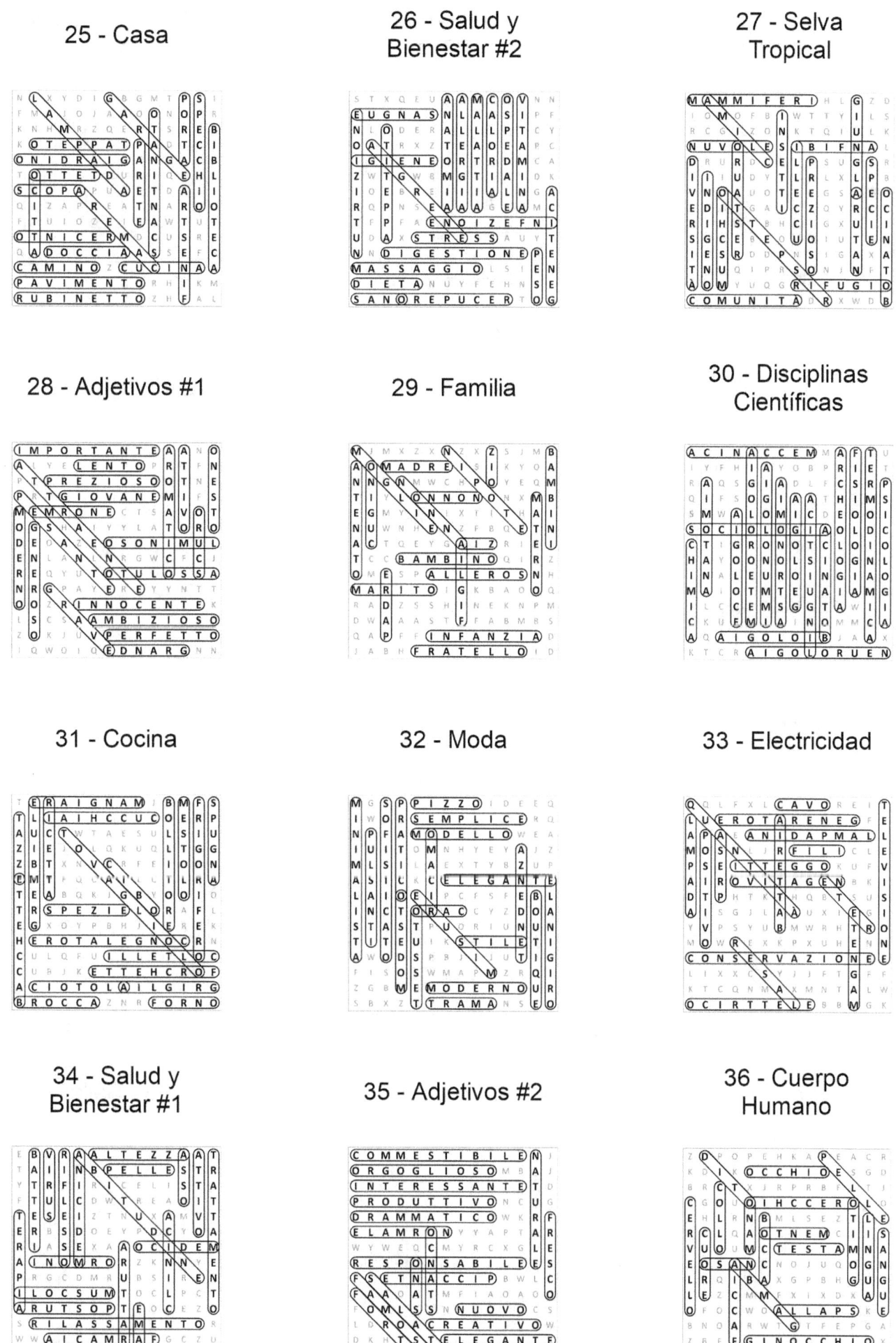

37 - Ciencia

38 - Restaurante #2

39 - Profesiones #1

40 - Geometría

41 - Baile

42 - Matemáticas

43 - Restaurante #1

44 - Profesiones #2

45 - Senderismo

46 - Naturaleza

47 - Conduciendo

48 - Ballet

49 - Fuerza y Gravedad

50 - Aventura

51 - Pájaros

52 - Geografía

53 - Música

54 - Actividades

55 - Instrumentos Musicales

56 - Mascotas

57 - Formas

58 - Flores

59 - Astronomía

60 - Tiempo

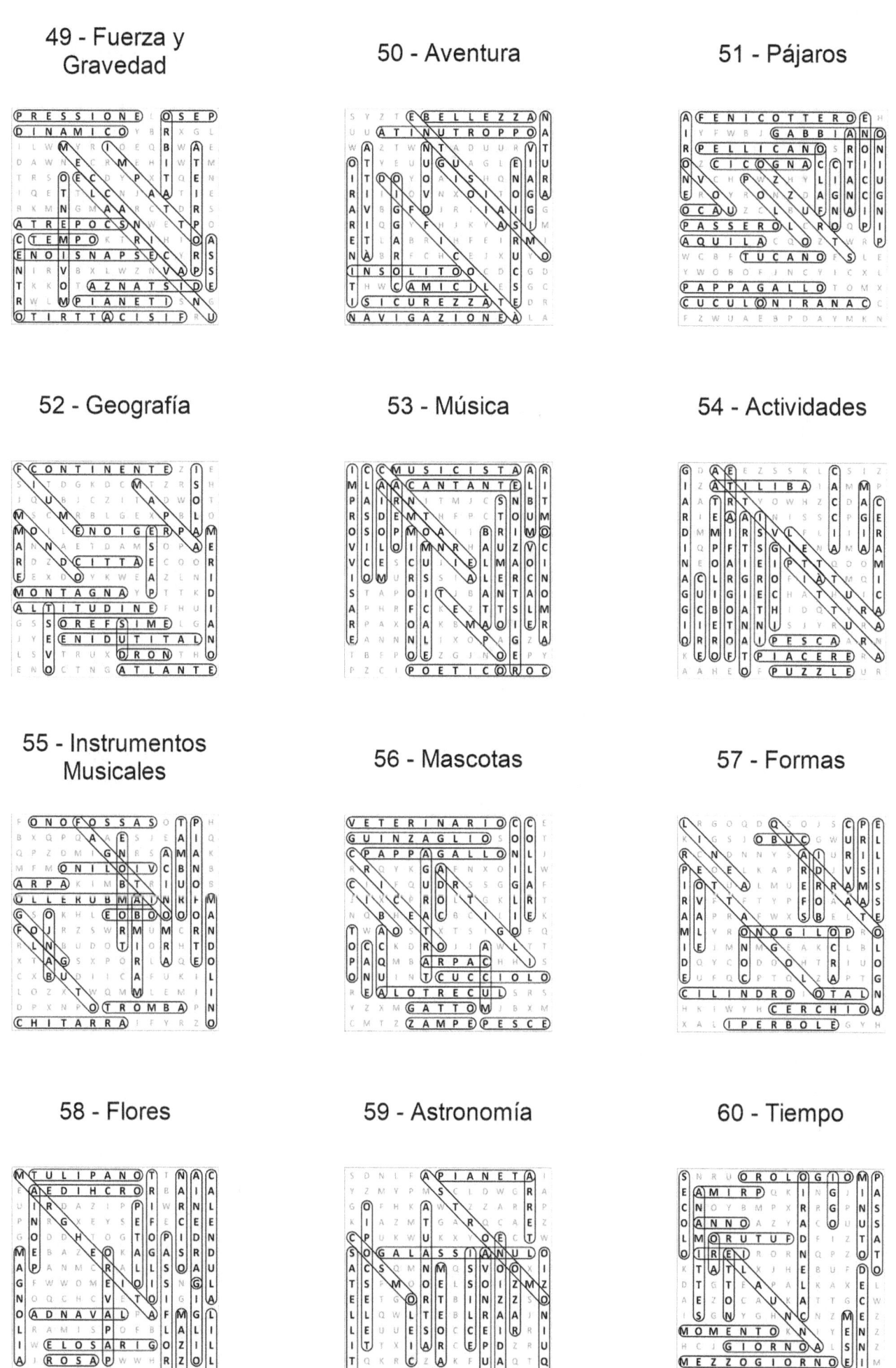

61 - Paisajes

62 - Días y Meses

63 - Jardinería

64 - Chocolate

65 - Barbacoas

66 - Ropa

67 - Meditación

68 - Café

69 - Libros

70 - Los Medios de Comunicación

71 - Nutrición

72 - Edificios

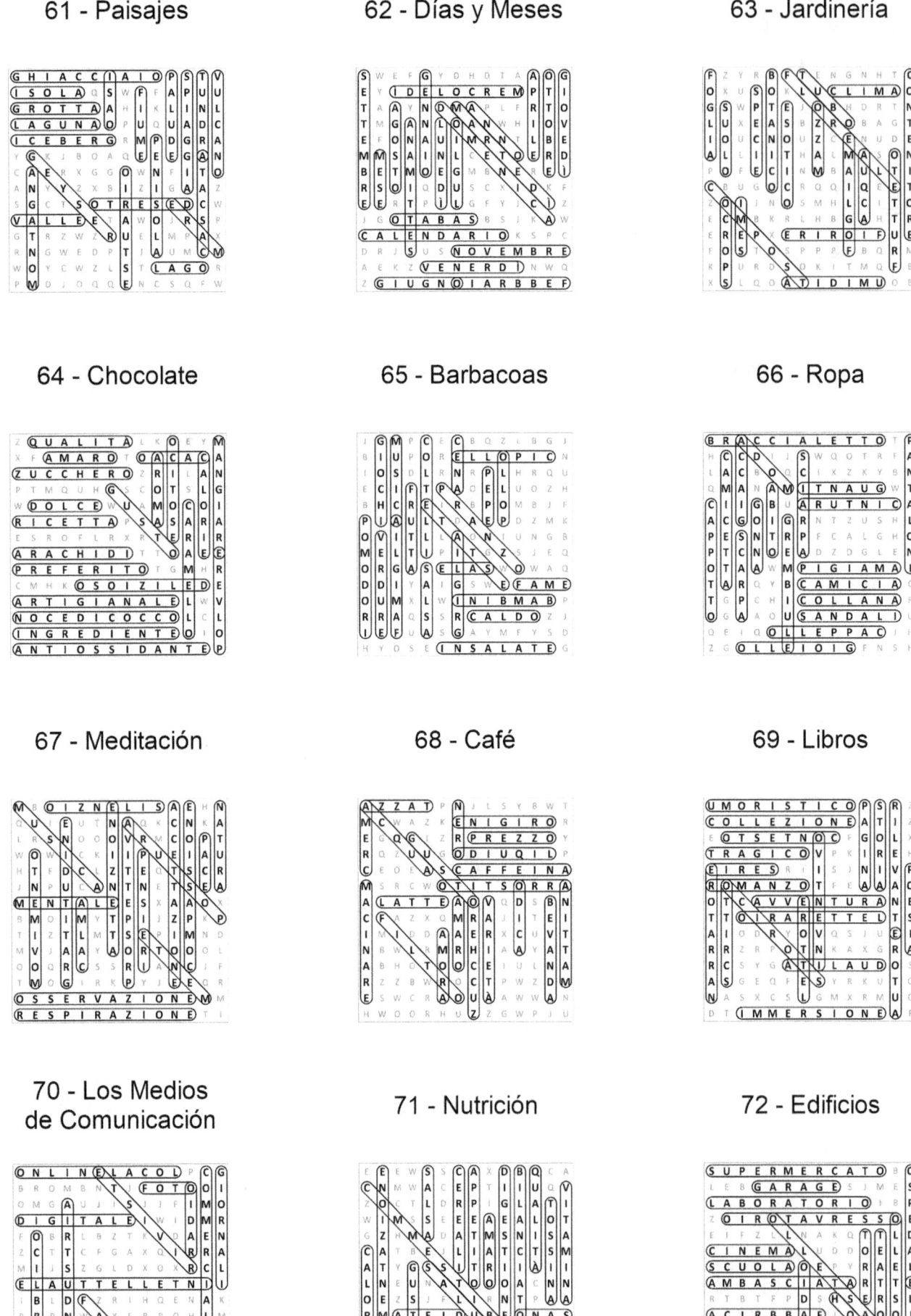

73 - Océano

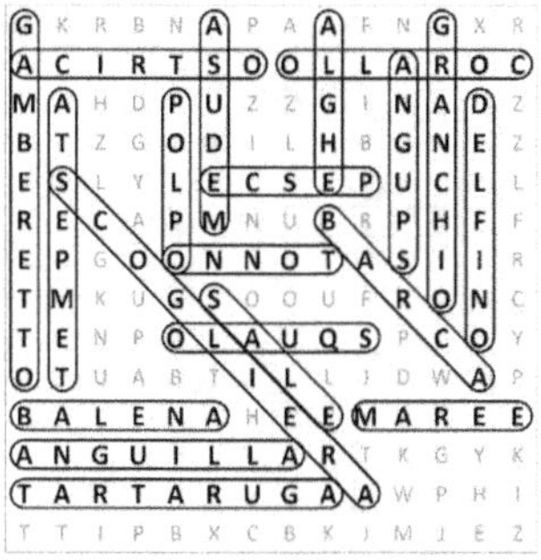

74 - Ciudad

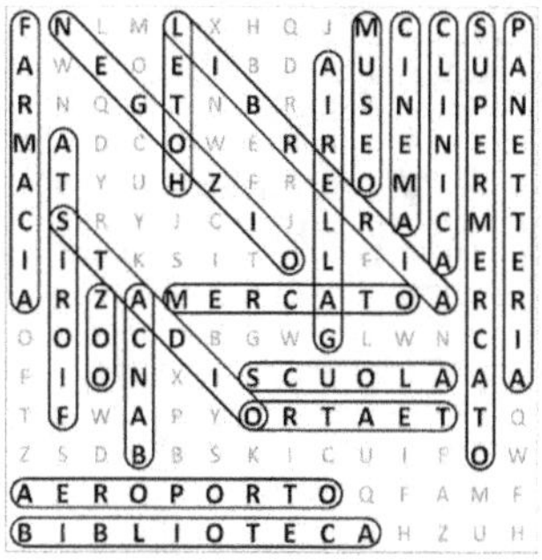

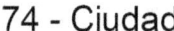

75 - Deporte

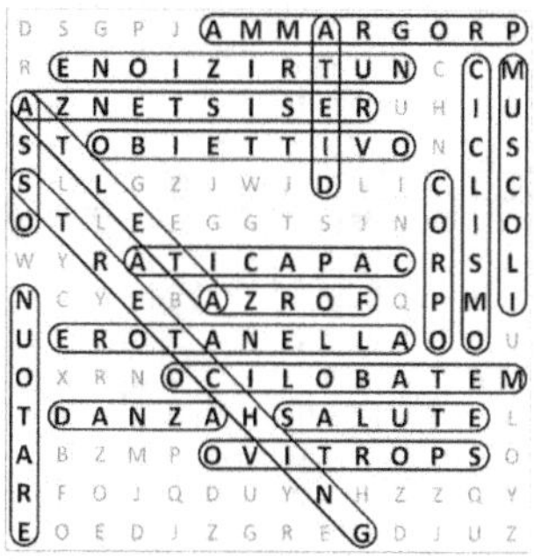

76 - Actividades y Ocio

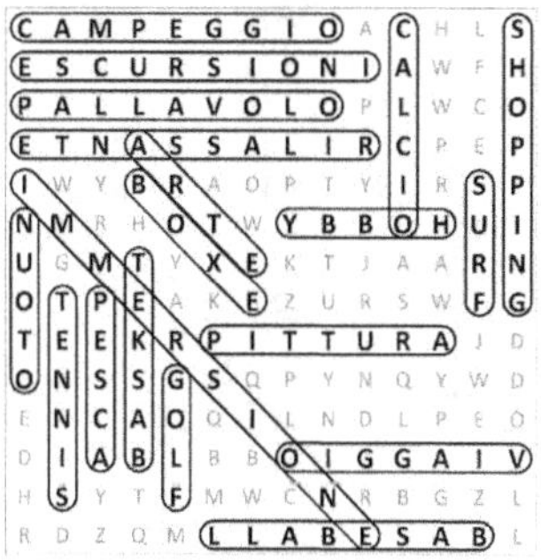

77 - Ingeniería

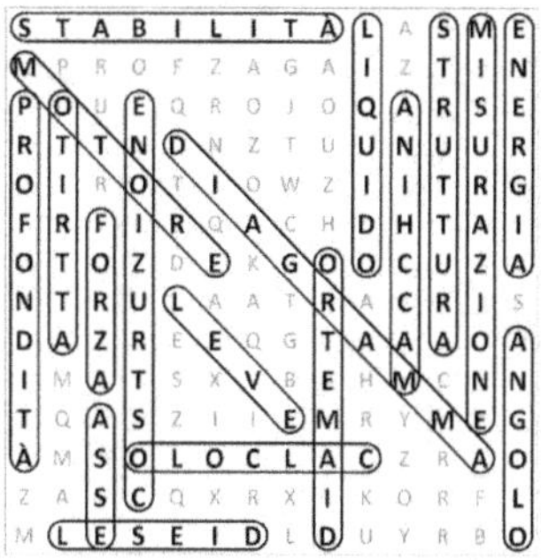

78 - Comida #1

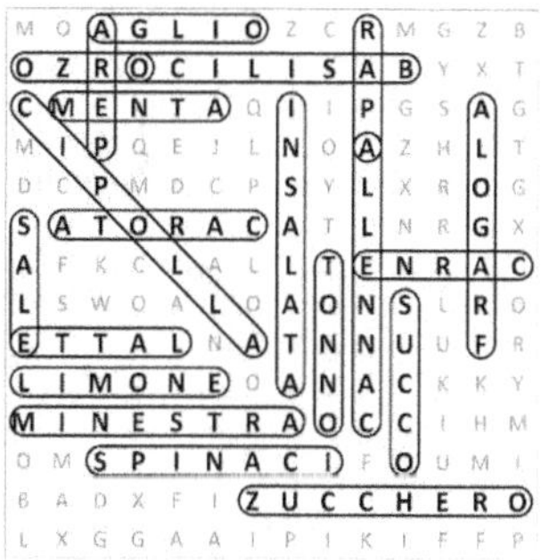

79 - Antigüedades

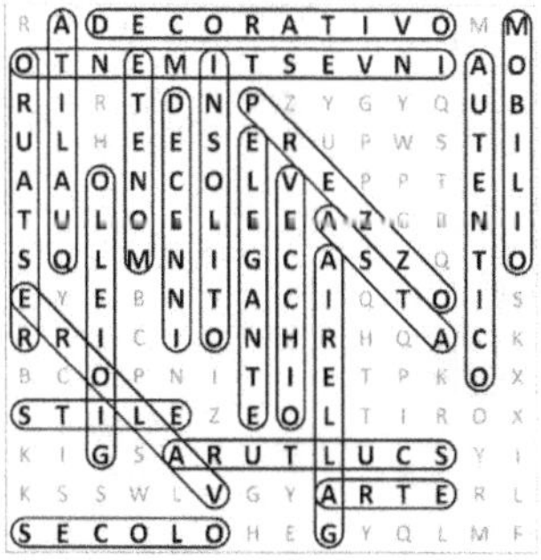

80 - Literatura

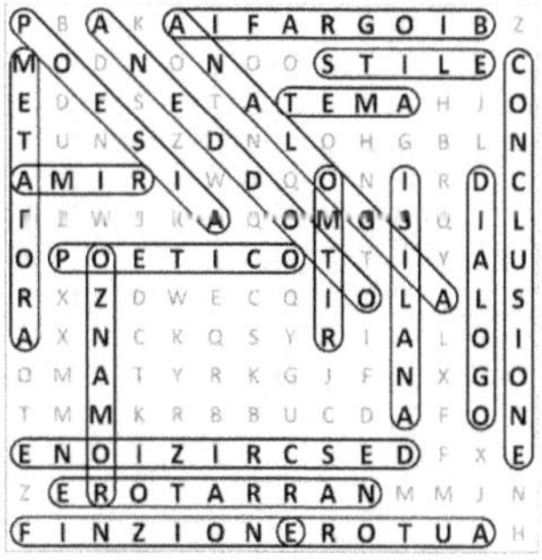

81 - Química

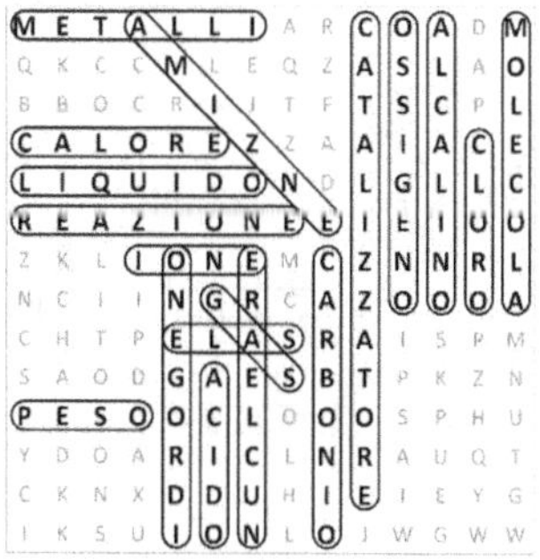

82 - Gobierno

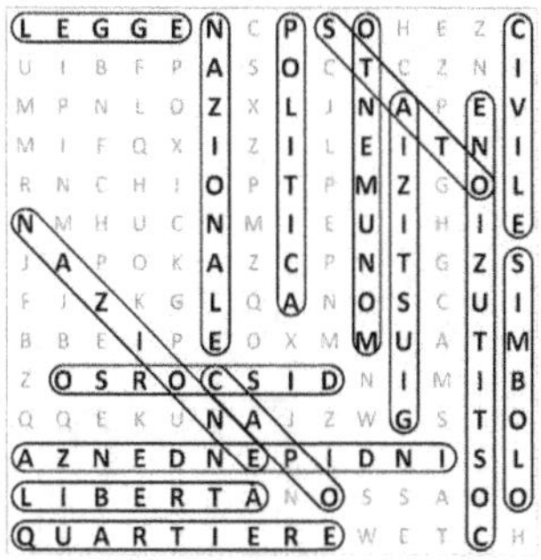

83 - Creatividad

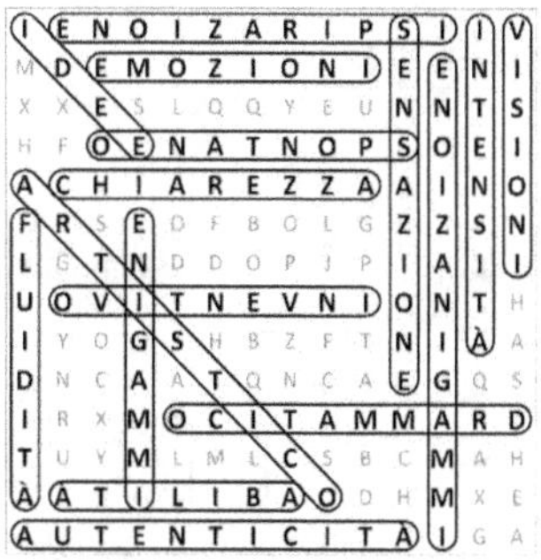

84 - Filantropía

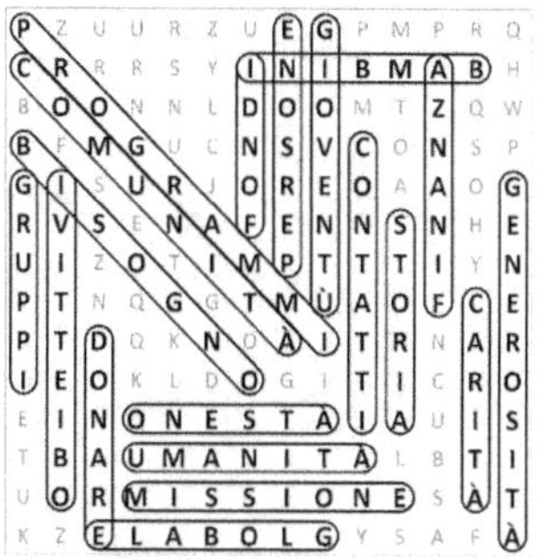

85 - Comida #2

86 - Arte

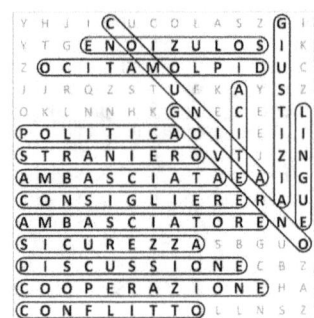

87 - Diplomacia

88 - Herboristería

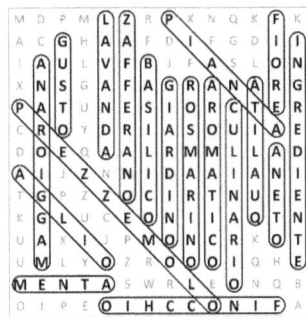

89 - Energía

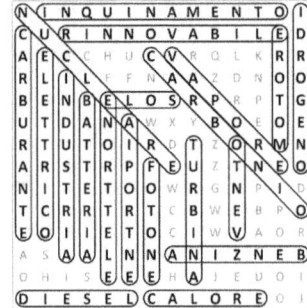

90 - Insectos

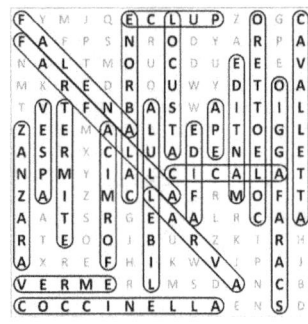

91 - Especias

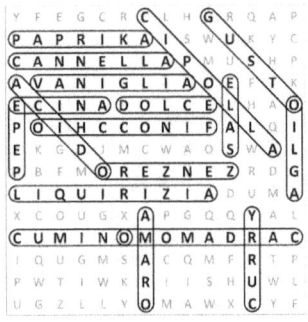

92 - Emociones

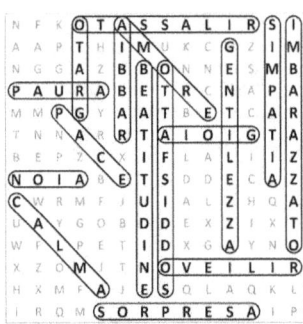

93 - Universo

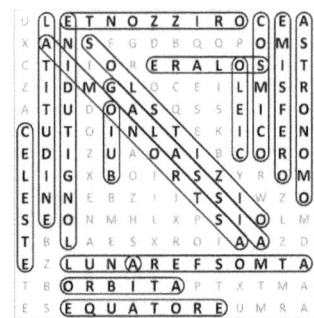

94 - Jazz

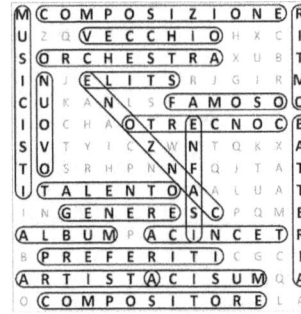

95 - Mediciones

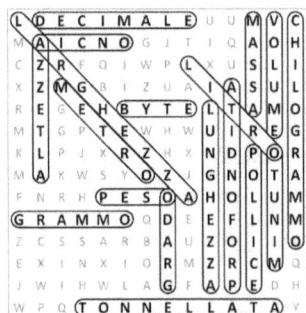

96 - Barcos

97 - Antártida

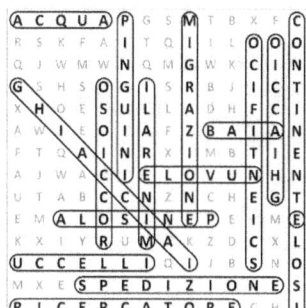

98 - Mamíferos

99 - Abejas

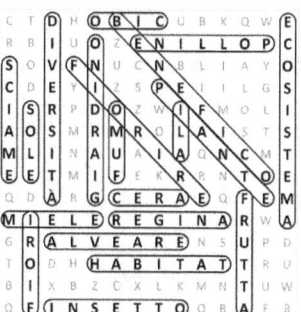

100 - Psicología

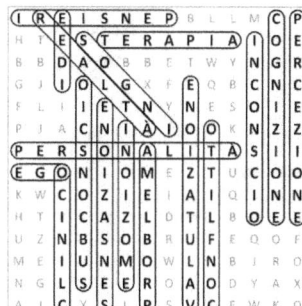

Diccionario

Abejas
Api

Alas	Ali
Beneficioso	Benefico
Cera	Cera
Colmena	Alveare
Comida	Cibo
Diversidad	Diversità
Ecosistema	Ecosistema
Enjambre	Sciame
Flor	Fiorire
Flores	Fiori
Fruta	Frutta
Hábitat	Habitat
Humo	Fumo
Insecto	Insetto
Jardín	Giardino
Miel	Miele
Plantas	Piante
Polen	Polline
Reina	Regina
Sol	Sole

Actividades
Attività

Actividad	Attività
Arte	Arte
Artesanía	Artigianato
Caza	Caccia
Cerámica	Ceramica
Costura	Cucire
Fotografía	Fotografia
Habilidad	Abilità
Intereses	Interessi
Jardinería	Giardinaggio
Juegos	Giochi
Lectura	Lettura
Magia	Magia
Ocio	Tempo Libero
Pesca	Pesca
Pintura	Pittura
Placer	Piacere
Relajación	Rilassamento
Rompecabezas	Puzzle
Senderismo	Escursioni

Actividades y Ocio
Attività e Tempo Libero

Aficiones	Hobby
Arte	Arte
Baloncesto	Basket
Béisbol	Baseball
Boxeo	Boxe
Buceo	Immersione
Camping	Campeggio
Compras	Shopping
Fútbol	Calcio
Golf	Golf
Jardinería	Giardinaggio
Natación	Nuoto
Pesca	Pesca
Pintura	Pittura
Relajante	Rilassante
Senderismo	Escursioni
Surf	Surf
Tenis	Tennis
Viaje	Viaggio
Voleibol	Pallavolo

Adjetivos #1
Aggettivi #1

Absoluto	Assoluto
Activo	Attivo
Ambicioso	Ambizioso
Aromático	Aromatico
Atractivo	Attraente
Brillante	Luminoso
Enorme	Enorme
Generoso	Generoso
Grande	Grande
Honesto	Onesto
Importante	Importante
Inocente	Innocente
Joven	Giovane
Lento	Lento
Moderno	Moderno
Oscuro	Scuro
Perfecto	Perfetto
Pesado	Pesante
Serio	Grave
Valioso	Prezioso

Adjetivos #2
Aggettivi #2

Cansado	Stanco
Comestible	Commestibile
Creativo	Creativo
Descriptivo	Descrittivo
Dramático	Drammatico
Elegante	Elegante
Famoso	Famoso
Fresco	Fresco
Fuerte	Forte
Interesante	Interessante
Natural	Naturale
Normal	Normale
Nuevo	Nuovo
Orgulloso	Orgoglioso
Picante	Piccante
Productivo	Produttivo
Responsable	Responsabile
Salado	Salato
Saludable	Sano
Seco	Asciutto

Antártida
Antartide

Agua	Acqua
Bahía	Baia
Científico	Scientifico
Conservación	Conservazione
Continente	Continente
Expedición	Spedizione
Geografía	Geografia
Glaciares	Ghiacciai
Hielo	Ghiaccio
Investigador	Ricercatore
Islas	Isole
Migración	Migrazione
Minerales	Minerali
Nubes	Nuvole
Pájaros	Uccelli
Península	Penisola
Pingüinos	Pinguini
Rocoso	Roccioso
Temperatura	Temperatura
Topografía	Topografia

Antigüedades
Antiquariato

Arte	Arte
Auténtico	Autentico
Calidad	Qualità
Decorativo	Decorativo
Décadas	Decenni
Elegante	Elegante
Escultura	Scultura
Estilo	Stile
Galería	Galleria
Inusual	Insolito
Inversión	Investimento
Joyas	Gioiello
Monedas	Monete
Mueble	Mobilio
Precio	Prezzo
Restauración	Restauro
Siglo	Secolo
Subasta	Asta
Valor	Valore
Viejo	Vecchio

Arqueología
Archeologia

Análisis	Analisi
Antigüedad	Antichità
Años	Anni
Civilización	Civiltà
Descendiente	Discendente
Desconocido	Sconosciuto
Equipo	Squadra
Era	Era
Evaluación	Valutazione
Experto	Esperto
Fósil	Fossile
Huesos	Ossa
Investigador	Ricercatore
Misterio	Mistero
Objetos	Oggetti
Olvidado	Dimenticato
Profesor	Professore
Reliquia	Reliquia
Templo	Tempio
Tumba	Tomba

Arte
Arte

Cerámica	Ceramica
Complejo	Complesso
Composición	Composizione
Crear	Creare
Escultura	Scultura
Expresión	Espressione
Figura	Figura
Honesto	Onesto
Humor	Umore
Inspirado	Ispirato
Original	Originale
Personal	Personale
Pinturas	Dipinti
Poesía	Poesia
Retratar	Ritrarre
Sencillo	Semplice
Símbolo	Simbolo
Surrealismo	Surrealismo
Tema	Soggetto
Visual	Visivo

Astronomía
Astronomia

Asteroide	Asteroide
Astronauta	Astronauta
Astrónomo	Astronomo
Cielo	Cielo
Cohete	Razzo
Constelación	Costellazione
Cosmos	Cosmo
Eclipse	Eclissi
Equinoccio	Equinozio
Galaxia	Galassia
Luna	Luna
Meteoro	Meteora
Observatorio	Osservatorio
Planeta	Pianeta
Radiación	Radiazione
Satélite	Satellite
Supernova	Supernova
Telescopio	Telescopio
Tierra	Terra
Universo	Universo

Aventura
Avventura

Actividad	Attività
Alegría	Gioia
Amigos	Amici
Belleza	Bellezza
Destino	Destinazione
Dificultad	Difficoltà
Entusiasmo	Entusiasmo
Excursión	Escursione
Inusual	Insolito
Itinerario	Itinerario
Naturaleza	Natura
Navegación	Navigazione
Nuevo	Nuovo
Oportunidad	Opportunità
Peligroso	Pericoloso
Preparación	Preparazione
Seguridad	Sicurezza
Sorprendente	Sorprendente
Valentía	Coraggio
Viajes	Viaggi

Aviones
Aeroplani

Aire	Aria
Altitud	Altitudine
Altura	Altezza
Aterrizaje	Atterraggio
Atmósfera	Atmosfera
Aventura	Avventura
Cielo	Cielo
Combustible	Carburante
Construcción	Costruzione
Dirección	Direzione
Diseño	Design
Globo	Palloncino
Hélices	Eliche
Hidrógeno	Idrogeno
Historia	Storia
Motor	Motore
Pasajero	Passeggero
Piloto	Pilota
Tripulación	Equipaggio
Turbulencia	Turbolenza

Álgebra
Algebra

Cantidad	Quantità
Cero	Zero
Diagrama	Diagramma
División	Divisione
Ecuación	Equazione
Exponente	Esponente
Factor	Fattore
Falso	Falso
Fórmula	Formula
Fracción	Frazione
Infinito	Infinito
Lineal	Lineare
Matriz	Matrice
Número	Numero
Paréntesis	Parentesi
Problema	Problema
Resta	Sottrazione
Simplificar	Semplificare
Solución	Soluzione
Variable	Variabile

Baile
Danza

Academia	Accademia
Alegre	Gioioso
Arte	Arte
Clásico	Classico
Coreografía	Coreografia
Cuerpo	Corpo
Cultura	Cultura
Cultural	Culturale
Emoción	Emozione
Ensayo	Prova
Expresivo	Espressivo
Gracia	Grazia
Movimiento	Movimento
Música	Musica
Postura	Postura
Ritmo	Ritmo
Saltar	Salto
Socio	Compagno
Tradicional	Tradizionale
Visual	Visivo

Ballet
Balletto

Aplauso	Applauso
Artístico	Artistico
Audiencia	Pubblico
Bailarina	Ballerina
Bailarines	Ballerini
Compositor	Compositore
Coreografía	Coreografia
Ensayo	Prova
Estilo	Stile
Expresivo	Espressivo
Gesto	Gesto
Habilidad	Abilità
Intensidad	Intensità
Lecciones	Lezioni
Músculos	Muscoli
Música	Musica
Orquesta	Orchestra
Práctica	Pratica
Ritmo	Ritmo
Técnica	Tecnica

Barbacoas
Barbecue

Almuerzo	Pranzo
Caliente	Caldo
Cebollas	Cipolle
Cena	Cena
Cuchillos	Coltelli
Ensaladas	Insalate
Familia	Famiglia
Fruta	Frutta
Hambre	Fame
Juegos	Giochi
Música	Musica
Niños	Bambini
Parrilla	Griglia
Pimienta	Pepe
Pollo	Pollo
Sal	Sale
Salsa	Salsa
Tomates	Pomodori
Verano	Estate
Verduras	Verdure

Barcos
Imbarcazioni

Ancla	Ancora
Balsa	Zattera
Boya	Boa
Canoa	Canoa
Cuerda	Corda
Ferry	Traghetto
Kayak	Kayak
Lago	Lago
Mar	Mare
Marea	Marea
Marinero	Marinaio
Marítimo	Marittimo
Mástil	Albero
Motor	Motore
Náutico	Nautico
Océano	Oceano
Río	Fiume
Tripulación	Equipaggio
Velero	Barca a Vela
Yate	Yacht

Belleza
Bellezza

Aceites	Oli
Aroma	Profumo
Champú	Shampoo
Color	Colore
Cosméticos	Cosmetici
Elegancia	Eleganza
Elegante	Elegante
Encanto	Fascino
Espejo	Specchio
Estilista	Stilista
Fotogénico	Fotogenico
Fragancia	Fragranza
Gracia	Grazia
Maquillaje	Trucco
Piel	Pelle
Pintalabios	Rossetto
Rizos	Riccioli
Rímel	Mascara
Servicios	Servizi
Tijeras	Forbici

Café
Caffè

Agua	Acqua
Amargo	Amaro
Aroma	Aroma
Asado	Arrostito
Azúcar	Zucchero
Ácido	Acido
Bebida	Bevanda
Cafeína	Caffeina
Crema	Crema
Filtro	Filtro
Leche	Latte
Líquido	Liquido
Mañana	Mattina
Moler	Macinare
Negro	Nero
Origen	Origine
Precio	Prezzo
Sabor	Gusto
Taza	Tazza
Variedad	Varietà

Camping
Campeggio

Animales	Animali
Aventura	Avventura
Árboles	Alberi
Bosque	Foresta
Brújula	Bussola
Cabina	Cabina
Canoa	Canoa
Caza	Caccia
Cuerda	Corda
Equipo	Attrezzatura
Fuego	Fuoco
Hamaca	Amaca
Insecto	Insetto
Lago	Lago
Linterna	Lanterna
Luna	Luna
Mapa	Mappa
Montaña	Montagna
Naturaleza	Natura
Sombrero	Cappello

Casa
Casa

Alfombra	Tappeto
Ático	Attico
Biblioteca	Biblioteca
Chimenea	Camino
Cocina	Cucina
Ducha	Doccia
Escoba	Scopa
Espejo	Specchio
Garaje	Garage
Grifo	Rubinetto
Habitación	Camera
Jardín	Giardino
Lámpara	Lampada
Pared	Parete
Piso	Pavimento
Puerta	Porta
Sótano	Scantinato
Techo	Tetto
Valla	Recinto
Ventana	Finestra

Chocolate
Cioccolato

Amargo	Amaro
Antioxidante	Antiossidante
Aroma	Aroma
Artesanal	Artigianale
Azúcar	Zucchero
Cacahuetes	Arachidi
Cacao	Cacao
Calidad	Qualità
Calorías	Calorie
Caramelo	Caramello
Coco	Noce di Cocco
Comer	Mangiare
Delicioso	Delizioso
Dulce	Dolce
Exótico	Esotico
Favorito	Preferito
Gusto	Gusto
Ingrediente	Ingrediente
Polvo	Polvere
Receta	Ricetta

Ciencia
Scienza

Átomo	Atomo
Científico	Scienziato
Clima	Clima
Datos	Dati
Evolución	Evoluzione
Experimento	Esperimento
Física	Fisica
Fósil	Fossile
Gravedad	Gravità
Hecho	Fatto
Hipótesis	Ipotesi
Laboratorio	Laboratorio
Método	Metodo
Minerales	Minerali
Moléculas	Molecole
Naturaleza	Natura
Organismo	Organismo
Partículas	Particelle
Plantas	Piante
Químico	Chimico

Ciencia Ficción
Fantascienza

Atómico	Atomico
Cine	Cinema
Escenario	Scenario
Explosión	Esplosione
Extremo	Estremo
Fantástico	Fantastico
Fuego	Fuoco
Futurista	Futuristico
Galaxia	Galassia
Ilusión	Illusione
Imaginario	Immaginario
Libros	Libri
Misterioso	Misterioso
Mundo	Mondo
Oráculo	Oracolo
Planeta	Pianeta
Realista	Realistico
Robots	Robot
Tecnología	Tecnologia
Utopía	Utopia

Circo
Circo

Acróbata	Acrobata
Animales	Animali
Caramelo	Caramella
Carpa	Tenda
Desfile	Parata
Elefante	Elefante
Entretener	Intrattenere
Espectador	Spettatore
Globos	Palloncini
León	Leone
Magia	Magia
Mago	Mago
Malabarista	Giocoliere
Mono	Scimmia
Mostrar	Mostrare
Música	Musica
Payaso	Clown
Tigre	Tigre
Traje	Costume
Truco	Trucco

Ciudad
Città

Aeropuerto	Aeroporto
Banco	Banca
Biblioteca	Biblioteca
Cine	Cinema
Clínica	Clinica
Escuela	Scuola
Estadio	Stadio
Farmacia	Farmacia
Florista	Fiorista
Galería	Galleria
Hotel	Hotel
Librería	Libreria
Mercado	Mercato
Museo	Museo
Panadería	Panetteria
Supermercado	Supermercato
Teatro	Teatro
Tienda	Negozio
Universidad	Università
Zoo	Zoo

Cocina
Cucina

Caldera	Bollitore
Comer	Mangiare
Comida	Cibo
Congelador	Congelatore
Cucharas	Cucchiai
Cucharón	Mestolo
Cuchillos	Coltelli
Delantal	Grembiule
Especias	Spezie
Esponja	Spugna
Horno	Forno
Jarra	Brocca
Palillos	Bacchette
Parrilla	Griglia
Receta	Ricetta
Refrigerador	Frigorifero
Servilleta	Tovagliolo
Tazas	Tazze
Tazón	Ciotola
Tenedores	Forchette

Comida #1
Cibo #1

Ajo	Aglio
Albahaca	Basilico
Atún	Tonno
Azúcar	Zucchero
Canela	Cannella
Carne	Carne
Cebada	Orzo
Cebolla	Cipolla
Ensalada	Insalata
Espinacas	Spinaci
Fresa	Fragola
Jugo	Succo
Leche	Latte
Limón	Limone
Menta	Menta
Nabo	Rapa
Pera	Pera
Sal	Sale
Sopa	Minestra
Zanahoria	Carota

Comida #2
Cibo #2

Alcachofa	Carciofo
Almendra	Mandorla
Apio	Sedano
Arroz	Riso
Berenjena	Melanzana
Cereza	Ciliegia
Chocolate	Cioccolato
Girasol	Girasole
Huevo	Uovo
Jengibre	Zenzero
Kiwi	Kiwi
Manzana	Mela
Pan	Pane
Plátano	Banana
Pollo	Pollo
Queso	Formaggio
Tomate	Pomodoro
Trigo	Grano
Uva	Uva
Yogur	Yogurt

Conduciendo
Guida

Accidente	Incidente
Autobús	Autobus
Camión	Camion
Coche	Auto
Combustible	Carburante
Frenos	Freni
Garaje	Garage
Gas	Gas
Licencia	Licenza
Mapa	Mappa
Motocicleta	Moto
Motor	Motore
Peatonal	Pedonale
Peligro	Pericolo
Policía	Polizia
Seguridad	Sicurezza
Transporte	Trasporto
Tráfico	Traffico
Túnel	Tunnel
Velocidad	Velocità

Creatividad
Creatività

Artístico	Artistico
Autenticidad	Autenticità
Claridad	Chiarezza
Dramático	Drammatico
Emociones	Emozioni
Espontáneo	Spontaneo
Expresión	Espressione
Fluidez	Fluidità
Habilidad	Abilità
Ideas	Idee
Imagen	Immagine
Imaginación	Immaginazione
Impresión	Impressione
Inspiración	Ispirazione
Intensidad	Intensità
Intuición	Intuizione
Inventivo	Inventivo
Sensación	Sensazione
Visiones	Visioni
Vitalidad	Vitalità

Cuerpo Humano
Corpo Umano

Barbilla	Mento
Boca	Bocca
Cabeza	Testa
Cara	Faccia
Cerebro	Cervello
Codo	Gomito
Corazón	Cuore
Cuello	Collo
Dedo	Dito
Hombro	Spalla
Lengua	Lingua
Mano	Mano
Nariz	Naso
Ojo	Occhio
Oreja	Orecchio
Piel	Pelle
Pierna	Gamba
Rodilla	Ginocchio
Sangre	Sangue
Tobillo	Caviglia

Deporte
Sport

Atleta	Atleta
Baile	Danza
Capacidad	Capacità
Ciclismo	Ciclismo
Cuerpo	Corpo
Deportes	Sportivo
Dieta	Dieta
Entrenador	Allenatore
Estiramiento	Stretching
Fuerza	Forza
Huesos	Ossa
Maximizar	Massimizzare
Meta	Obiettivo
Metabólico	Metabolico
Músculos	Muscoli
Nadar	Nuotare
Nutrición	Nutrizione
Programa	Programma
Resistencia	Resistenza
Salud	Salute

Diplomacia
Diplomazia

Asesor	Consigliere
Comunidad	Comunità
Conflicto	Conflitto
Cooperación	Cooperazione
Diplomático	Diplomatico
Discusión	Discussione
Embajada	Ambasciata
Embajador	Ambasciatore
Extranjero	Straniero
Ética	Etica
Gobierno	Governo
Humanitario	Umanitario
Idiomas	Lingue
Integridad	Integrità
Justicia	Giustizia
Política	Politica
Resolución	Risoluzione
Seguridad	Sicurezza
Solución	Soluzione
Tratado	Trattato

Disciplinas Científicas
Discipline Scientifiche

Anatomía	Anatomia
Arqueología	Archeologia
Astronomía	Astronomia
Biología	Biologia
Bioquímica	Biochimica
Botánica	Botanica
Ecología	Ecologia
Fisiología	Fisiologia
Geología	Geologia
Inmunología	Immunologia
Lingüística	Linguistica
Mecánica	Meccanica
Meteorología	Meteorologia
Mineralogía	Mineralogia
Neurología	Neurologia
Psicología	Psicologia
Química	Chimica
Sociología	Sociologia
Termodinámica	Termodinamica
Zoología	Zoologia

Días y Meses
Giorni e Mesi

Abril	Aprile
Agosto	Agosto
Año	Anno
Calendario	Calendario
Domingo	Domenica
Enero	Gennaio
Febrero	Febbraio
Jueves	Giovedì
Julio	Luglio
Junio	Giugno
Lunes	Lunedì
Martes	Martedì
Mes	Mese
Miércoles	Mercoledì
Noviembre	Novembre
Octubre	Ottobre
Sábado	Sabato
Semana	Settimana
Septiembre	Settembre
Viernes	Venerdì

Ecología
Ecologia

Clima	Clima
Comunidades	Comunità
Diversidad	Diversità
Especie	Specie
Fauna	Fauna
Flora	Flora
Global	Globale
Hábitat	Habitat
Marino	Marino
Natural	Naturale
Naturaleza	Natura
Pantano	Palude
Plantas	Piante
Recursos	Risorse
Sequía	Siccità
Sostenible	Sostenibile
Supervivencia	Sopravvivenza
Variedad	Varietà
Vegetación	Vegetazione
Voluntarios	Volontari

Edificios
Edifici

Albergue	Ostello
Apartamento	Appartamento
Castillo	Castello
Cine	Cinema
Embajada	Ambasciata
Escuela	Scuola
Estadio	Stadio
Fábrica	Fabbrica
Garaje	Garage
Granero	Fienile
Granja	Fattoria
Hospital	Ospedale
Hotel	Hotel
Laboratorio	Laboratorio
Museo	Museo
Observatorio	Osservatorio
Supermercado	Supermercato
Teatro	Teatro
Torre	Torre
Universidad	Università

Electricidad
Elettricità

Almacenamiento	Conservazione
Batería	Batteria
Bombilla	Lampadina
Cable	Cavo
Cables	Fili
Cantidad	Quantità
Electricista	Elettricista
Eléctrico	Elettrico
Enchufe	Presa
Equipo	Attrezzatura
Generador	Generatore
Imán	Magnete
Lámpara	Lampada
Láser	Laser
Negativo	Negativo
Objetos	Oggetti
Positivo	Positivo
Red	Rete
Televisión	Televisione
Teléfono	Telefono

Emociones
Emozioni

Aburrimiento	Noia
Agradecido	Grato
Alegría	Gioia
Alivio	Rilievo
Amor	Amore
Avergonzado	Imbarazzato
Beatitud	Beatitudine
Bondad	Gentilezza
Calma	Calma
Contenido	Contenuto
Ira	Rabbia
Miedo	Paura
Paz	Pace
Relajado	Rilassato
Satisfecho	Soddisfatto
Simpatía	Simpatia
Sorpresa	Sorpresa
Ternura	Tenerezza
Tranquilidad	Tranquillità
Tristeza	Tristezza

Energía
Energia

Batería	Batteria
Calor	Calore
Carbono	Carbonio
Combustible	Carburante
Contaminación	Inquinamento
Diesel	Diesel
Electrón	Elettrone
Eléctrico	Elettrico
Entropía	Entropia
Fotón	Fotone
Gasolina	Benzina
Hidrógeno	Idrogeno
Industria	Industria
Motor	Motore
Nuclear	Nucleare
Renovable	Rinnovabile
Sol	Sole
Turbina	Turbina
Vapor	Vapore
Viento	Vento

Especias
Spezie

Agrio	Acido
Ajo	Aglio
Amargo	Amaro
Anís	Anice
Azafrán	Zafferano
Canela	Cannella
Cardamomo	Cardamomo
Cebolla	Cipolla
Comino	Cumino
Curry	Curry
Dulce	Dolce
Hinojo	Finocchio
Jengibre	Zenzero
Nuez Moscada	Noce Moscata
Pimentón	Paprika
Pimienta	Pepe
Regaliz	Liquirizia
Sabor	Gusto
Sal	Sale
Vainilla	Vaniglia

Ética
Etica

Altruismo	Altruismo
Benevolente	Benevolo
Bondad	Gentilezza
Compasión	Compassione
Cooperación	Cooperazione
Dignidad	Dignità
Diplomático	Diplomatico
Filosofía	Filosofia
Honestidad	Onestà
Humanidad	Umanità
Integridad	Integrità
Optimismo	Ottimismo
Paciencia	Pazienza
Racionalidad	Razionalità
Razonable	Ragionevole
Realismo	Realismo
Respetuoso	Rispettoso
Sabiduría	Saggezza
Tolerancia	Tolleranza
Valores	Valori

Familia
Famiglia

Abuela	Nonna
Abuelo	Nonno
Antepasado	Antenato
Esposa	Moglie
Hermana	Sorella
Hermano	Fratello
Hija	Figlia
Infancia	Infanzia
Madre	Madre
Marido	Marito
Materno	Materno
Nieto	Nipote
Niño	Bambino
Niños	Bambini
Padre	Padre
Primo	Cugino
Sobrina	Nipote
Sobrino	Nipote
Tía	Zia
Tío	Zio

Filantropía
Filantropia

Caridad	Carità
Comunidad	Comunità
Contactos	Contatti
Donar	Donare
Finanzas	Finanza
Fondos	Fondi
Generosidad	Generosità
Gente	Persone
Global	Globale
Grupos	Gruppi
Historia	Storia
Honestidad	Onestà
Humanidad	Umanità
Juventud	Gioventù
Metas	Obiettivi
Misión	Missione
Necesitar	Bisogno
Niños	Bambini
Programas	Programmi
Público	Pubblico

Física
Fisica

Aceleración	Accelerazione
Átomo	Atomo
Caos	Caos
Densidad	Densità
Electrón	Elettrone
Fórmula	Formula
Frecuencia	Frequenza
Gas	Gas
Gravedad	Gravità
Magnetismo	Magnetismo
Masa	Massa
Mecánica	Meccanica
Molécula	Molecola
Motor	Motore
Nuclear	Nucleare
Partícula	Particella
Químico	Chimico
Relatividad	Relatività
Universal	Universale
Velocidad	Velocità

Flores
Fiori

Amapola	Papavero
Caléndula	Calendula
Gardenia	Gardenia
Girasol	Girasole
Hibisco	Ibisco
Jazmín	Gelsomino
Lavanda	Lavanda
Lila	Lilla
Lirio	Giglio
Magnolia	Magnolia
Margarita	Margherita
Narciso	Narciso
Orquídea	Orchidea
Pasionaria	Passiflora
Peonía	Peonia
Pétalo	Petalo
Ramo	Mazzo
Rosa	Rosa
Trébol	Trifoglio
Tulipán	Tulipano

Formas
Forme

Arco	Arco
Bordes	Bordi
Cilindro	Cilindro
Círculo	Cerchio
Cono	Cono
Cuadrado	Quadrato
Cubo	Cubo
Curva	Curva
Elipse	Ellisse
Esfera	Sfera
Esquina	Angolo
Hipérbola	Iperbole
Lado	Lato
Línea	Linea
Oval	Ovale
Pirámide	Piramide
Polígono	Poligono
Prisma	Prisma
Rectángulo	Rettangolo
Triángulo	Triangolo

Fruta
Frutta

Aguacate	Avocado
Albaricoque	Albicocca
Baya	Bacca
Cereza	Ciliegia
Coco	Noce di Cocco
Frambuesa	Lampone
Guayaba	Guava
Kiwi	Kiwi
Limón	Limone
Mango	Mango
Manzana	Mela
Melocotón	Pesca
Melón	Melone
Naranja	Arancia
Nectarina	Nettarina
Papaya	Papaia
Pera	Pera
Piña	Ananas
Plátano	Banana
Uva	Uva

Fuerza y Gravedad
Forza e Gravità

Centro	Centro
Descubrimiento	Scoperta
Dinámico	Dinamico
Distancia	Distanza
Eje	Asse
Expansión	Espansione
Física	Fisica
Fricción	Attrito
Impacto	Impatto
Magnetismo	Magnetismo
Mecánica	Meccanica
Movimiento	Movimento
Órbita	Orbita
Peso	Peso
Planetas	Pianeti
Presión	Pressione
Propiedades	Proprietà
Tiempo	Tempo
Universal	Universale
Velocidad	Velocità

Geografía
Geografia

Altitud	Altitudine
Atlas	Atlante
Ciudad	Città
Continente	Continente
Hemisferio	Emisfero
Isla	Isola
Latitud	Latitudine
Longitud	Longitudine
Mapa	Mappa
Mar	Mare
Meridiano	Meridiano
Montaña	Montagna
Mundo	Mondo
Norte	Nord
Oeste	Ovest
País	Paese
Región	Regione
Río	Fiume
Sur	Sud
Territorio	Territorio

Geología
Geologia

Ácido	Acido
Calcio	Calcio
Capa	Strato
Caverna	Caverna
Continente	Continente
Coral	Corallo
Cristales	Cristalli
Cuarzo	Quarzo
Erosión	Erosione
Estalactita	Stalattite
Estalagmitas	Stalagmiti
Fósil	Fossile
Géiser	Geyser
Lava	Lava
Meseta	Altopiano
Minerales	Minerali
Piedra	Pietra
Sal	Sale
Terremoto	Terremoto
Volcán	Vulcano

Geometría
Geometria

Altura	Altezza
Ángulo	Angolo
Cálculo	Calcolo
Curva	Curva
Diámetro	Diametro
Dimensión	Dimensione
Ecuación	Equazione
Horizontal	Orizzontale
Lógica	Logica
Masa	Massa
Mediana	Mediano
Número	Numero
Paralelo	Parallelo
Proporción	Proporzione
Segmento	Segmento
Simetría	Simmetria
Superficie	Superficie
Teoría	Teoria
Triángulo	Triangolo
Vertical	Verticale

Gobierno
Governo

Ciudadanía	Cittadinanza
Civil	Civile
Constitución	Costituzione
Democracia	Democrazia
Discurso	Discorso
Discusión	Discussione
Distrito	Quartiere
Estado	Stato
Igualdad	Uguaglianza
Independencia	Indipendenza
Judicial	Giudiziario
Justicia	Giustizia
Ley	Legge
Libertad	Libertà
Líder	Capo
Monumento	Monumento
Nacional	Nazionale
Nación	Nazione
Política	Politica
Símbolo	Simbolo

Granja #1
Fattoria #1

Abeja	Ape
Agricultura	Agricoltura
Agua	Acqua
Arroz	Riso
Burro	Asino
Caballo	Cavallo
Cabra	Capra
Campo	Campo
Cuervo	Corvo
Fertilizante	Fertilizzante
Gato	Gatto
Heno	Fieno
Miel	Miele
Perro	Cane
Pollo	Pollo
Semillas	Semi
Ternero	Vitello
Tierra	Terra
Vaca	Mucca
Valla	Recinto

Granja #2
Fattoria #2

Agricultor	Agricoltore
Animales	Animali
Cebada	Orzo
Colmena	Alveare
Comida	Cibo
Cordero	Agnello
Fruta	Frutta
Granero	Fienile
Huerto	Frutteto
Leche	Latte
Llama	Lama
Maíz	Mais
Oveja	Pecora
Pastor	Pastore
Pato	Anatra
Prado	Prato
Riego	Irrigazione
Tractor	Trattore
Trigo	Grano
Vegetal	Verdura

Herboristería
Erboristeria

Ajo	Aglio
Albahaca	Basilico
Aromático	Aromatico
Azafrán	Zafferano
Calidad	Qualità
Culinario	Culinario
Eneldo	Aneto
Estragón	Dragoncello
Flor	Fiore
Hinojo	Finocchio
Ingrediente	Ingrediente
Jardín	Giardino
Lavanda	Lavanda
Mejorana	Maggiorana
Menta	Menta
Perejil	Prezzemolo
Planta	Pianta
Romero	Rosmarino
Sabor	Gusto
Verde	Verde

Ingeniería
Ingegneria

Ángulo	Angolo
Cálculo	Calcolo
Construcción	Costruzione
Diagrama	Diagramma
Diámetro	Diametro
Diesel	Diesel
Distribución	Distribuzione
Eje	Asse
Energía	Energia
Estabilidad	Stabilità
Estructura	Struttura
Fricción	Attrito
Fuerza	Forza
Líquido	Liquido
Máquina	Macchina
Medición	Misurazione
Motor	Motore
Palancas	Leve
Profundidad	Profondità
Propulsión	Propulsione

Insectos
Insetti

Abeja	Ape
Avispa	Vespa
Avispón	Calabrone
Áfido	Afide
Cigarra	Cicala
Cucaracha	Scarafaggio
Escarabajo	Coleottero
Gusano	Verme
Hormiga	Formica
Langosta	Locusta
Larva	Larva
Libélula	Libellula
Mantis	Mantide
Mariposa	Farfalla
Mariquita	Coccinella
Mosquito	Zanzara
Polilla	Falena
Pulga	Pulce
Saltamontes	Cavalletta
Termita	Termite

Instrumentos Musicales
Strumenti Musicali

Armónica	Armonica
Arpa	Arpa
Banjo	Banjo
Clarinete	Clarinetto
Fagot	Fagotto
Flauta	Flauto
Gong	Gong
Guitarra	Chitarra
Mandolina	Mandolino
Marimba	Marimba
Oboe	Oboe
Pandereta	Tamburello
Percusión	Percussione
Piano	Pianoforte
Saxofón	Sassofono
Tambor	Tamburo
Trombón	Trombone
Trompeta	Tromba
Violín	Violino
Violonchelo	Violoncello

Jardinería
Giardinaggio

Agua	Acqua
Botánico	Botanico
Clima	Clima
Comestible	Commestibile
Compost	Compost
Contenedor	Contenitore
Especie	Specie
Estacional	Stagionale
Exótico	Esotico
Flor	Fiorire
Floral	Floreale
Follaje	Fogliame
Hoja	Foglia
Huerto	Frutteto
Humedad	Umidità
Manguera	Tubo
Ramo	Mazzo
Semillas	Semi
Suciedad	Sporco
Suelo	Suolo

Jardín
Giardino

Arbusto	Cespuglio
Árbol	Albero
Banco	Panca
Césped	Prato
Estanque	Stagno
Flor	Fiore
Garaje	Garage
Hamaca	Amaca
Hierba	Erba
Huerto	Frutteto
Jardín	Giardino
Malezas	Erbacce
Manguera	Tubo
Pala	Pala
Porche	Portico
Rastrillo	Rastrello
Suelo	Suolo
Terraza	Terrazza
Trampolín	Trampolino
Valla	Recinto

Jazz
Jazz

Artista	Artista
Álbum	Album
Canción	Canzone
Composición	Composizione
Compositor	Compositore
Concierto	Concerto
Estilo	Stile
Énfasis	Enfasi
Famoso	Famoso
Favoritos	Preferiti
Género	Genere
Música	Musica
Músicos	Musicisti
Nuevo	Nuovo
Orquesta	Orchestra
Ritmo	Ritmo
Talento	Talento
Tambores	Batteria
Técnica	Tecnica
Viejo	Vecchio

La Empresa
L'Azienda

Calidad	Qualità
Creativo	Creativo
Decisión	Decisione
Empleo	Occupazione
Global	Globale
Industria	Industria
Ingresos	Reddito
Innovador	Innovativo
Inversión	Investimento
Posibilidad	Possibilità
Presentación	Presentazione
Producto	Prodotto
Profesional	Professionale
Progreso	Progresso
Recursos	Risorse
Reputación	Reputazione
Riesgos	Rischi
Salarios	Salari
Tendencias	Tendenze
Unidades	Unità

Libros
Libri

Autor	Autore
Aventura	Avventura
Colección	Collezione
Contexto	Contesto
Dualidad	Dualità
Escrito	Scritto
Historia	Storia
Histórico	Storico
Humorístico	Umoristico
Inmersión	Immersione
Inventivo	Inventivo
Lector	Lettore
Literario	Letterario
Narrador	Narratore
Novela	Romanzo
Página	Pagina
Pertinente	Rilevante
Poesía	Poesia
Serie	Serie
Trágico	Tragico

Literatura
Letteratura

Analogía	Analogia
Análisis	Analisi
Anécdota	Aneddoto
Autor	Autore
Biografía	Biografia
Comparación	Confronto
Conclusión	Conclusione
Descripción	Descrizione
Diálogo	Dialogo
Estilo	Stile
Ficción	Finzione
Metáfora	Metafora
Narrador	Narratore
Novela	Romanzo
Poema	Poesia
Poético	Poetico
Rima	Rima
Ritmo	Ritmo
Tema	Tema
Tragedia	Tragedia

Los Medios de Comunicación
I Media

Actitudes	Atteggiamenti
Comercial	Commerciale
Comunicación	Comunicazione
Digital	Digitale
Edición	Edizione
Educación	Educazione
En Línea	Online
Financiación	Finanziamento
Fotos	Foto
Hechos	Fatti
Industria	Industria
Intelectual	Intellettuale
Local	Locale
Opinión	Opinione
Periódicos	Giornali
Público	Pubblico
Radio	Radio
Red	Rete
Revistas	Riviste
Televisión	Televisione

Mamíferos
Mammiferi

Ballena	Balena
Burro	Asino
Caballo	Cavallo
Camello	Cammello
Canguro	Canguro
Cebra	Zebra
Conejo	Coniglio
Coyote	Coyote
Delfín	Delfino
Elefante	Elefante
Gato	Gatto
Gorila	Gorilla
Jirafa	Giraffa
Lobo	Lupo
Mono	Scimmia
Oso	Orso
Oveja	Pecora
Perro	Cane
Toro	Toro
Zorro	Volpe

Mascotas
Animali Domestici

Agua	Acqua
Cabra	Capra
Cachorro	Cucciolo
Cola	Coda
Collar	Collare
Comida	Cibo
Conejo	Coniglio
Correa	Guinzaglio
Garras	Artigli
Gato	Gatto
Hámster	Criceto
Lagarto	Lucertola
Loro	Pappagallo
Patas	Zampe
Perro	Cane
Pescado	Pesce
Ratón	Topo
Tortuga	Tartaruga
Vaca	Mucca
Veterinario	Veterinario

Matemáticas
Matematica

Aritmética	Aritmetica
Ángulos	Angoli
Circunferencia	Circonferenza
Cuadrado	Quadrato
Decimal	Decimale
Diámetro	Diametro
Ecuación	Equazione
Esfera	Sfera
Exponente	Esponente
Fracción	Frazione
Geometría	Geometria
Números	Numeri
Paralelo	Parallelo
Perímetro	Perimetro
Polígono	Poligono
Radio	Raggio
Rectángulo	Rettangolo
Simetría	Simmetria
Triángulo	Triangolo
Volumen	Volume

Mediciones
Misurazioni

Altura	Altezza
Ancho	Larghezza
Byte	Byte
Centímetro	Centimetro
Decimal	Decimale
Grado	Grado
Gramo	Grammo
Kilogramo	Chilogrammo
Kilómetro	Chilometro
Litro	Litro
Longitud	Lunghezza
Masa	Massa
Metro	Metro
Minuto	Minuto
Onza	Oncia
Peso	Peso
Profundidad	Profondità
Pulgada	Pollice
Tonelada	Tonnellata
Volumen	Volume

Meditación
Meditazione

Aceptación	Accettazione
Atención	Attenzione
Bondad	Gentilezza
Calma	Calma
Claridad	Chiarezza
Compasión	Compassione
Emociones	Emozioni
Gratitud	Gratitudine
Mental	Mentale
Mente	Mente
Movimiento	Movimento
Música	Musica
Naturaleza	Natura
Observación	Osservazione
Paz	Pace
Pensamientos	Pensieri
Perspectiva	Prospettiva
Postura	Postura
Respiración	Respirazione
Silencio	Silenzio

Mitología
Mitologia

Arquetipo	Archetipo
Celos	Gelosia
Cielo	Paradiso
Comportamiento	Comportamento
Creación	Creazione
Creencias	Credenze
Criatura	Creatura
Cultura	Cultura
Desastre	Disastro
Fuerza	Forza
Guerrero	Guerriero
Héroe	Eroe
Inmortalidad	Immortalità
Laberinto	Labirinto
Leyenda	Leggenda
Monstruo	Mostro
Mortal	Mortale
Rayo	Fulmine
Trueno	Tuono
Venganza	Vendetta

Moda
Moda

Bordado	Ricamo
Botones	Pulsanti
Boutique	Boutique
Caro	Caro
Elegante	Elegante
Encaje	Pizzo
Estilo	Stile
Mediciones	Misure
Minimalista	Minimalista
Moderno	Moderno
Modesto	Modesto
Original	Originale
Patrón	Modello
Práctico	Pratico
Ropa	Abbigliamento
Sencillo	Semplice
Sofisticado	Sofisticato
Tejido	Tessuto
Tendencia	Tendenza
Textura	Trama

Música
Musica

Armonía	Armonia
Armónico	Armonico
Álbum	Album
Balada	Ballata
Cantante	Cantante
Cantar	Cantare
Clásico	Classico
Coro	Coro
Grabación	Registrazione
Improvisar	Improvvisare
Instrumento	Strumento
Melodía	Melodia
Micrófono	Microfono
Musical	Musicale
Músico	Musicista
Ópera	Opera
Poético	Poetico
Ritmo	Ritmo
Tempo	Tempo
Vocal	Vocale

Naturaleza
Natura

Abejas	Api
Animales	Animali
Ártico	Artico
Belleza	Bellezza
Bosque	Foresta
Desierto	Deserto
Dinámico	Dinamico
Erosión	Erosione
Follaje	Fogliame
Glaciar	Ghiacciaio
Montañas	Montagne
Niebla	Nebbia
Nubes	Nuvole
Refugio	Rifugio
Río	Fiume
Salvaje	Selvaggio
Santuario	Santuario
Sereno	Sereno
Tropical	Tropicale
Vital	Vitale

Negocio
Attività Commerciale

Carrera	Carriera
Costo	Costo
Descuento	Sconto
Dinero	Soldi
Economía	Economia
Empleado	Dipendente
Empresa	Società
Fábrica	Fabbrica
Finanzas	Finanza
Impuestos	Tasse
Inversión	Investimento
Mercancía	Merce
Moneda	Valuta
Oficina	Ufficio
Personal	Personale
Presupuesto	Bilancio
Tienda	Negozio
Trabajo	Lavoro
Transacción	Transazione
Venta	Vendita

Nutrición
Nutrizione

Amargo	Amaro
Apetito	Appetito
Calidad	Qualità
Calorías	Calorie
Carbohidratos	Carboidrati
Cereales	Cereali
Comestible	Commestibile
Dieta	Dieta
Digestión	Digestione
Equilibrado	Bilanciato
Fermentación	Fermentazione
Nutriente	Nutriente
Peso	Peso
Proteínas	Proteine
Sabor	Gusto
Salsa	Salsa
Salud	Salute
Saludable	Sano
Toxina	Tossina
Vitamina	Vitamina

Números
Numeri

Catorce	Quattordici
Cero	Zero
Cinco	Cinque
Cuatro	Quattro
Decimal	Decimale
Diecinueve	Diciannove
Dieciocho	Diciotto
Dieciséis	Sedici
Diecisiete	Diciassette
Diez	Dieci
Doce	Dodici
Dos	Due
Nueve	Nove
Ocho	Otto
Quince	Quindici
Seis	Sei
Siete	Sette
Trece	Tredici
Tres	Tre
Veinte	Venti

Océano
Oceano

Alga	Alghe
Anguila	Anguilla
Arrecife	Scogliera
Atún	Tonno
Ballena	Balena
Barco	Barca
Camarón	Gamberetto
Cangrejo	Granchio
Coral	Corallo
Delfín	Delfino
Esponja	Spugna
Mareas	Maree
Medusa	Medusa
Ostra	Ostrica
Pescado	Pesce
Pulpo	Polpo
Sal	Sale
Tiburón	Squalo
Tormenta	Tempesta
Tortuga	Tartaruga

Paisajes
Paesaggi

Cascada	Cascata
Cueva	Grotta
Desierto	Deserto
Estuario	Estuario
Géiser	Geyser
Glaciar	Ghiacciaio
Iceberg	Iceberg
Isla	Isola
Lago	Lago
Laguna	Laguna
Mar	Mare
Montaña	Montagna
Oasis	Oasi
Pantano	Palude
Península	Penisola
Playa	Spiaggia
Río	Fiume
Tundra	Tundra
Valle	Valle
Volcán	Vulcano

Países #1
Paesi #1

Alemania	Germania
Argentina	Argentina
Bélgica	Belgio
Brasil	Brasile
Canadá	Canada
Ecuador	Ecuador
Egipto	Egitto
España	Spagna
Filipinas	Filippine
Honduras	Honduras
India	India
Italia	Italia
Libia	Libia
Malí	Mali
Marruecos	Marocco
Nicaragua	Nicaragua
Noruega	Norvegia
Panamá	Panama
Polonia	Polonia
Venezuela	Venezuela

Países #2
Paesi #2

Albania	Albania
Australia	Australia
Austria	Austria
Dinamarca	Danimarca
Etiopía	Etiopia
Francia	Francia
Grecia	Grecia
Indonesia	Indonesia
Irlanda	Irlanda
Jamaica	Giamaica
Japón	Giappone
Laos	Laos
México	Messico
Pakistán	Pakistan
Portugal	Portogallo
Rusia	Russia
Siria	Siria
Sudán	Sudan
Ucrania	Ucraina
Uganda	Uganda

Pájaros
Uccelli

Avestruz	Struzzo
Águila	Aquila
Canario	Canarino
Cigüeña	Cicogna
Cisne	Cigno
Cuco	Cuculo
Flamenco	Fenicottero
Ganso	Oca
Garza	Airone
Gaviota	Gabbiano
Gorrión	Passero
Halcón	Falco
Huevo	Uovo
Loro	Pappagallo
Paloma	Piccione
Pato	Anatra
Pelícano	Pellicano
Pingüino	Pinguino
Pollo	Pollo
Tucán	Tucano

Plantas
Piante

Arbusto	Cespuglio
Árbol	Albero
Bambú	Bambù
Baya	Bacca
Bosque	Foresta
Botánica	Botanica
Cactus	Cactus
Fertilizante	Fertilizzante
Flor	Fiore
Flora	Flora
Follaje	Fogliame
Frijol	Fagiolo
Hiedra	Edera
Hierba	Erba
Hoja	Foglia
Jardín	Giardino
Musgo	Muschio
Pétalo	Petalo
Raíz	Radice
Vegetación	Vegetazione

Profesiones #1
Professioni #1

Abogado	Avvocato
Astrónomo	Astronomo
Atleta	Atleta
Bailarín	Ballerino
Banquero	Banchiere
Bombero	Pompiere
Cartógrafo	Cartografo
Cazador	Cacciatore
Doctor	Medico
Editor	Editore
Embajador	Ambasciatore
Enfermera	Infermiera
Entrenador	Allenatore
Fontanero	Idraulico
Geólogo	Geologo
Joyero	Gioielliere
Músico	Musicista
Pianista	Pianista
Psicólogo	Psicologo
Veterinario	Veterinario

Profesiones #2
Professioni #2

Astronauta	Astronauta
Bibliotecario	Bibliotecario
Biólogo	Biologo
Cirujano	Chirurgo
Dentista	Dentista
Detective	Detective
Filósofo	Filosofo
Fotógrafo	Fotografo
Ilustrador	Illustratore
Ingeniero	Ingegnere
Inventor	Inventore
Investigador	Ricercatore
Jardinero	Giardiniere
Lingüista	Linguista
Médico	Medico
Periodista	Giornalista
Piloto	Pilota
Pintor	Pittore
Profesor	Insegnante
Zoólogo	Zoologo

Psicología
Psicologia

Cita	Appuntamento
Clínico	Clinico
Cognición	Cognizione
Comportamiento	Comportamento
Conflicto	Conflitto
Ego	Ego
Emociones	Emozioni
Evaluación	Valutazione
Ideas	Idee
Inconsciente	Inconscio
Infancia	Infanzia
Pensamientos	Pensieri
Percepción	Percezione
Personalidad	Personalità
Problema	Problema
Realidad	Realtà
Sensación	Sensazione
Subconsciente	Subconscio
Sueños	Sogni
Terapia	Terapia

Química
Chimica

Alcalino	Alcalino
Ácido	Acido
Calor	Calore
Carbono	Carbonio
Catalizador	Catalizzatore
Cloro	Cloro
Electrón	Elettrone
Enzima	Enzima
Gas	Gas
Hidrógeno	Idrogeno
Ion	Ione
Líquido	Liquido
Metales	Metalli
Molécula	Molecola
Nuclear	Nucleare
Oxígeno	Ossigeno
Peso	Peso
Reacción	Reazione
Sal	Sale
Temperatura	Temperatura

Restaurante #1
Ristorante #1

Alergia	Allergia
Café	Caffè
Cajero	Cassiere
Camarera	Cameriera
Carne	Carne
Cocina	Cucina
Comer	Mangiare
Comida	Cibo
Cuchillo	Coltello
Ingredientes	Ingredienti
Menú	Menù
Pan	Pane
Picante	Piccante
Plato	Piatto
Pollo	Pollo
Postre	Dessert
Reserva	Prenotazione
Salsa	Salsa
Servilleta	Tovagliolo
Tazón	Ciotola

Restaurante #2
Ristorante #2

Agua	Acqua
Almuerzo	Pranzo
Aperitivo	Aperitivo
Bebida	Bevanda
Camarero	Cameriere
Cena	Cena
Cuchara	Cucchiaio
Delicioso	Delizioso
Ensalada	Insalata
Especias	Spezie
Fruta	Frutta
Hielo	Ghiaccio
Huevos	Uova
Pastel	Torta
Pescado	Pesce
Sal	Sale
Silla	Sedia
Sopa	Minestra
Tenedor	Forchetta
Verduras	Verdure

Ropa
Vestiti

Abrigo	Cappotto
Blusa	Camicetta
Bufanda	Sciarpa
Camisa	Camicia
Chaqueta	Giacca
Cinturón	Cintura
Collar	Collana
Delantal	Grembiule
Falda	Gonna
Guantes	Guanti
Joyas	Gioiello
Moda	Moda
Pantalones	Pantaloni
Pijama	Pigiama
Pulsera	Braccialetto
Sandalias	Sandali
Sombrero	Cappello
Suéter	Maglione
Vestido	Abito
Zapato	Scarpa

Salud y Bienestar #1
Salute e Benessere #1

Activo	Attivo
Altura	Altezza
Bacterias	Batteri
Clínica	Clinica
Doctor	Medico
Farmacia	Farmacia
Fractura	Frattura
Hambre	Fame
Hábito	Abitudine
Hormonas	Ormoni
Huesos	Ossa
Medicina	Medicina
Músculos	Muscoli
Piel	Pelle
Postura	Postura
Reflejo	Riflesso
Relajación	Rilassamento
Terapia	Terapia
Tratamiento	Trattamento
Virus	Virus

Salud y Bienestar #2
Salute e Benessere #2

Alergia	Allergia
Anatomía	Anatomia
Apetito	Appetito
Caloría	Caloria
Dieta	Dieta
Digestión	Digestione
Energía	Energia
Enfermedad	Malattia
Estrés	Stress
Genética	Genetica
Higiene	Igiene
Hospital	Ospedale
Infección	Infezione
Masaje	Massaggio
Nutrición	Nutrizione
Peso	Peso
Recuperación	Recupero
Saludable	Sano
Sangre	Sangue
Vitamina	Vitamina

Selva Tropical
Foresta Pluviale

Anfibios	Anfibi
Botánico	Botanico
Clima	Clima
Comunidad	Comunità
Diversidad	Diversità
Especie	Specie
Indígena	Indigeno
Insectos	Insetti
Mamíferos	Mammiferi
Musgo	Muschio
Naturaleza	Natura
Nubes	Nuvole
Pájaros	Uccelli
Preservación	Preservazione
Refugio	Rifugio
Respeto	Rispetto
Restauración	Restauro
Selva	Giungla
Supervivencia	Sopravvivenza
Valioso	Prezioso

Senderismo
Escursionismo

Acantilado	Scogliera
Agua	Acqua
Animales	Animali
Botas	Stivali
Camping	Campeggio
Cansado	Stanco
Clima	Clima
Cumbre	Vertice
Guías	Guide
Mapa	Mappa
Montaña	Montagna
Mosquitos	Zanzare
Naturaleza	Natura
Orientación	Orientamento
Parques	Parchi
Pesado	Pesante
Piedras	Pietre
Preparación	Preparazione
Salvaje	Selvaggio
Sol	Sole

Suministros de Arte
Forniture Artistiche

Aceite	Olio
Acrílico	Acrilico
Acuarelas	Acquerelli
Agua	Acqua
Arcilla	Argilla
Borrador	Gomma
Caballete	Cavalletto
Cámara	Telecamera
Cepillos	Spazzole
Colores	Colori
Creatividad	Creatività
Ideas	Idee
Lápices	Matite
Mesa	Tavolo
Papel	Carta
Pasteles	Pastelli
Pegamento	Colla
Pinturas	Vernici
Silla	Sedia
Tinta	Inchiostro

Tiempo
Tempo

Antes	Prima
Anual	Annuale
Año	Anno
Ayer	Ieri
Calendario	Calendario
Década	Decennio
Día	Giorno
Futuro	Futuro
Hora	Ora
Hoy	Oggi
Mañana	Mattina
Mediodía	Mezzogiorno
Mes	Mese
Minuto	Minuto
Momento	Momento
Noche	Notte
Pasado	Passato
Reloj	Orologio
Semana	Settimana
Siglo	Secolo

Tipos de Cabello
Tipi di Capelli

Blanco	Bianco
Brillante	Lucido
Calvo	Calvo
Corto	Breve
Delgada	Sottile
Gris	Grigio
Grueso	Spessore
Largo	Lungo
Marrón	Marrone
Negro	Nero
Ondulado	Ondulato
Plata	Argento
Rizado	Riccio
Rizos	Riccioli
Rubio	Biondo
Saludable	Sano
Seco	Asciutto
Suave	Morbido
Trenzado	Intrecciato
Trenzas	Trecce

Universo
Universo

Asteroide	Asteroide
Astronomía	Astronomia
Astrónomo	Astronomo
Atmósfera	Atmosfera
Celestial	Celeste
Cielo	Cielo
Cósmico	Cosmico
Ecuador	Equatore
Galaxia	Galassia
Hemisferio	Emisfero
Horizonte	Orizzonte
Latitud	Latitudine
Longitud	Longitudine
Luna	Luna
Oscuridad	Buio
Órbita	Orbita
Solar	Solare
Solsticio	Solstizio
Telescopio	Telescopio
Visible	Visibile

Enhorabuena

Lo has conseguido!

Esperamos que hayas disfrutado de este libro tanto como nosotros al diseñarlo. Nos esforzamos por crear libros de la máxima calidad posible.
Esta edición está diseñada para proporcionar un aprendizaje inteligente, de calidad y divertido!

¿Te ha gustado este libro?

Una Petición Sencilla

Estos libros existen gracias a las reseñas que se publican.
¿Podrías ayudarnos dejando una reseña ahora?
Aquí tienes un breve enlace a la página de reseñas

BestBooksActivity.com/Opiniones50

¡DESAFÍO FINAL!

Reto n°1

¿Estás listo para tu juego gratis? Los utilizamos siempre, pero no son tan fáciles de encontrar. ¡Aquí están los **Sinónimos!**

Escribe 5 palabras que hayas encontrado en los rompecabezas (#21, #36, #76) y trata de encontrar 2 sinónimos para cada palabra.

Escriba 5 palabras del **Puzzle 21**

Palabras	Sinónimo 1	Sinónimo 2

Escriba 5 palabras del **Puzzle 36**

Palabras	Sinónimo 1	Sinónimo 2

Escriba 5 palabras del **Puzzle 76**

Palabras	Sinónimo 1	Sinónimo 2

Reto n°2

Ahora que te has calentado, escribe 5 palabras que hayas encontrado en los Puzzles 9, 17 y 25 e intenta encontrar 2 antónimos para cada palabra. ¿Cuántos puedes encontrar en 20 minutos?

Escriba 5 palabras del **Puzzle 9**

Palabras	Antónimo 1	Antónimo 2

Escriba 5 palabras del **Puzzle 17**

Palabras	Antónimo 1	Antónimo 2

Escriba 5 palabras del **Puzzle 25**

Palabras	Antónimo 1	Antónimo 2

Reto n°3

¡Genial! Este desafío final no es nada para ti.

¿Preparado para el reto final? Elige 10 palabras que hayas descubierto en los diferentes rompecabezas y escríbelas a continuación.

1.	6.
2.	7.
3.	8.
4.	9.
5.	10.

Ahora escribe un texto pensando en una persona, un animal o un lugar que te guste.

Puedes usar la última página de este libro como borrador.

Tu Composición:

CUADERNO DE NOTAS :

HASTA PRONTO !

Todo el Equipo

DESCUBRA JUEGOS GRATIS

GO

↓